世界名人非常之路

莫扎特

从音乐神童到杰出作曲家

杨梓邑◎编著

中国社会出版社
国家一级出版社·全国百佳图书出版单位

“世界名人非常之路”编委会

写在前面的话

著名学者培根说："用伟大人物的事迹激励我们每个人，远胜于一切教育。"

的确，崇拜伟人、模仿英雄是每个人的天性，人们天生就是伟人的追星族。我们每个人在追星的过程中，带着崇敬与激情沿着伟人的成长轨迹，陶冶心灵，胸中便会油然升腾起一股发自心底的潜力，一股奋起追求的冲动，去寻找人生的标杆。那种潜移默化的无形力量，会激励我们向往崇高的人生境界，获得人生的成功。

浩浩历史千百载，滚滚红尘万古名。在我们人类历史发展的进程中，涌现出了许多可歌可泣、光芒万丈的人间精英。他们用挥毫的笔、超人的智慧、卓越的才能书写着世界历史，描绘着美好的未来，不断创造着人类历史的崭新篇章，不断推动着人类文明的进步和发展，为我们留下了许多宝贵的精神财富和物质财富。

这些伟大的人物，是人间的英杰，是我们人类的骄傲和自豪。我们不能忘记他们在那历史巅峰发出的洪亮的声音，应该让他们永垂青史，英名长存，永远纪念他们的丰功伟绩，永远作为我们的楷模，以使我们未来的时代拥有更多的出类拔萃者，以便开创和编织更加绚丽多姿的人间美景。

我们在追寻伟人的成长历程中会发现，虽然每一位人物的成长背景各不相同，但他们在一生中所表现出的辛勤奋斗和顽强拼搏精神，则是殊途同归的。这正如爱默生所说："伟大人物最明显的标志，就是他们拥有坚强的意志，不管环境怎样变化，他们的初衷与希望永远不会有丝毫的改变，他们永远会克服一切障碍，达到他们期望的目的。"同时，爱默生又说："所有伟大人物都是从艰苦中脱颖而出的。"

伟大人物的成长也具有其平凡性，关键是他们在做好思想准备进行人生不懈追求的过程中，从日常司空见惯的普通小事上，迸发出了生命的火花，化渺小为伟大，化平凡为神奇，

获得灵感和启发，从而获得伟大的精神力量，去争取伟大成功的。这恰恰是我们每个人都要学习的地方。

正如学者吉田兼好所说："天下所有的伟大人物，起初都很幼稚而有严重的缺点，但他们遵守规则，重视规律，不自以为是，因此才成为一代名家，成为人们崇敬的偶像。"

为此，我们特别推出"世界名人非常之路"丛书，精选荟萃了古今中外各行各业具有代表性的名人，其中包括政治领袖、将帅英雄、思想大家、科学巨子、文坛泰斗、艺术巨匠、体坛健儿、企业精英、探险英雄、平凡伟人等，主要以他们的成长历程和人生发展为线索，尽量避免冗长的说教性叙述，而采用日常生活中富于启发性的小故事来传达他们成功的道理，尤其着重表现他们所处时代的生活特征和他们建功立业的艰难过程，以便使读者产生思想共鸣和受到启迪。

为了让读者很好地把握和学习这些名人，我们还增设了人物简介、经典故事、年谱和名言等相关内容，使本套丛书更具可读性、指向性和知识性。

为了更加形象地表现名人的发展历程，我们还根据人物的成长线索，适当配图，使之图文并茂，形式新颖，设计精美，非常适合读者阅读和收藏。

我们在编撰本套丛书时，为了体现内容的系统性和资料的翔实性，参考和借鉴了国内外的大量资料和许多版本，在此向所有辛勤付出的人们表示衷心谢意。但仍难免出现挂一漏万或错误疏忽，恳请读者批评指正，以利于我们修正。我们相信广大读者通过阅读这些世界名人的成长与成功故事，领略他们的人生追求与思想力量，一定会受到多方面的启迪和教益，进而更好地把握自我成长的关键，直至开创自己的成功人生！

莫扎特

人物简介

名人简介

沃尔夫冈·阿玛多伊斯·莫扎特（Wolfgang Amadeus Mozart，1756～1791），1756年1月27日生于奥地利萨尔茨堡粮食街9号，奥地利作曲家，欧洲维也纳古典乐派的代表人物之一。作为古典主义音乐的典范，他对欧洲音乐的发展起了巨大的作用。

莫扎特出生在一位宫廷乐师的家庭。3岁时他就显露出极高的音乐天赋，4岁跟父亲学习钢琴，5岁即开始作曲。

1762年，6岁的莫扎特在父亲的带领下到慕尼黑、维也纳、普雷斯堡作了一次试验性的巡回演出，获得成功。

1763年6月至1773年3月，他们先后到德国、比利时、法国、英国、荷兰、意大利等国作了为期10年的旅行演出，均获成功。

旅行演出使莫扎特有机会接触到意大利歌剧、法国歌剧、德国器乐等欧洲当时最先进的音乐艺术，还结识了作曲家巴赫、马蒂尼、萨马蒂尼等著名音乐家，跟他们学习作曲技术。这对莫扎特的艺术发展产生了积极影响，使他以后能够成为他那个时代在创作上风格最为广泛的一位作曲家。

1773年底，莫扎特返回萨尔茨堡，在父亲的辅导下，弥补被中断了的音乐与文化的学习；同时利用旅行中获得的知识与素材，创作了大量的作品，包括歌剧《扮成园丁的姑娘》和《牧羊的国王》。

这时已经成人的莫扎特，对自己卑微的奴仆地位感到不满。为了争取自由，他经过激烈的斗争，终于在1777年9月第一次脱离大主教，跟母亲进行了两年的旅行演出。

这一时期，莫扎特创作了大量的作品，这些作品在内容上反映了当时狂飙运动思潮的影响，使古典奏鸣曲式进一步形成。

1781年，莫扎特再也无法忍受大主教的凌辱，第二次向大主教提出了辞职，到维也纳谋生。1782年，他在没有征得父亲同意的情况下，同一位曼海姆音乐家的女儿康施坦莎·韦贝尔结婚。

1783年，一度倒闭了的维也纳民族剧院恢复，莫扎特有了从事歌剧创作的机会。他写了一部滑稽戏《剧院经理》。1786年完成并上演了《费加罗的婚礼》。该剧的影响很大，甚至在布拉格也家喻户晓。

1787年，他的另一剧作《唐·璜》完成并上演。

1789年4月，贫困中的莫扎特，由他的学生卡尔·利希诺夫斯基公爵带领，到柏林、德累斯顿、莱比锡等地演出。虽然轰动一时，却未能解脱他的经济困境。

1790年1月，他的歌剧《人皆如此》上演。2月，皇帝去世，莫扎特向继任皇帝利奥波德二世请求接任宫廷乐长霍夫曼的职位，得到同意，但未实现。

1791年9月，他写了最后一部歌剧《魔笛》，并在重病中写作大型宗教音乐作品《安魂曲》，可惜未能全部完成，病魔便使他难以为继。

1791年12月5日，莫扎特在维也纳逝世，终年36岁。

成就与贡献

莫扎特一共创作了22部歌剧、41部交响乐、42部协奏曲、1部安魂曲以及奏鸣曲、室内乐、宗教音乐和歌曲等作品。

歌剧是莫扎特创作的主流，他与格鲁克、瓦格纳和威尔第一样，是欧洲歌剧史上四大巨子之一。他又与海顿、贝多芬一起为欧洲交响乐写下了光辉的一页。另外，他的《安魂曲》也成为宗教音乐中难能可贵的一部杰作。

地位与影响

莫扎特不仅是古典主义音乐的杰出大师，更是人类历史上极为罕见的音乐天才，有“音乐神童”之美誉。他短暂的一生为世人留下了极其宝贵和丰富的音乐遗产。

作为18世纪末时的欧洲作曲家，莫扎特的音乐深刻地反映了这个时代的精神，尤其是体现在歌剧作品中的市民阶层的思想，这在当时具有极其进步的意义。莫扎特赋予音乐以欢乐的旋律，然而，其中又深含着悲伤，这正反映了莫扎特时代知识分子的命运。

目录 莫扎特

音乐神童

欧洲之旅

天才少年

热血青年

定居首都

英年早逝

附　录

音乐神童

人可以俗，但音乐不能俗。好的音乐，需要的是节奏、旋律和一颗热情的心。

——莫扎特

出身于音乐之家

在奥地利北部，距首都维也纳320千米的地方，有一座美丽的城市萨尔茨堡。它背靠阿尔卑斯山，与德国慕尼黑仅隔150千米，是欧洲绿化覆盖率最高的中心城区，曾被奥地利著名诗人霍夫曼称为“欧洲心脏之心脏”。

萨尔茨堡是奥地利音乐艺术中心，全世界闻名的音乐之都。

1756年1月的一天上午，在萨尔茨堡粮食街9号的一栋房子里，从三楼的一间屋内传来了阵阵优雅的音乐。

这是一栋五层楼的分租公寓，整幢公寓的外表刷成了米黄色。它像所有的欧洲城镇住宅一样，呈方形，中间是一片草地。这天，在和煦的阳光照射下，它显得金光闪烁。

这幢公寓离宫廷教堂不远，其街道有一座古老的牌楼直通洛赫尔广场。广场中间有一口井，用以供给周围的居民用水。附近的家庭主妇们都喜欢到这里来一边洗衣服，一边聊天。

透过那幢公寓三楼的窗户，能看见一个身穿毛质长袍、戴着洁白的帽子、披着三角薄围巾，系着围裙的孕妇挺着个大肚子，坐在一张大床边，手扶着一把大提琴，悠闲地演奏着音乐。

在她的旁边，是一个戴着假发，穿着礼服，有着宽阔的前额和从容的蓝灰色大眼睛的年轻男人。这个男人站立在孕妇的旁边，手拿着一把小提琴，小心地跟着大提琴的节奏配合着。

一曲演奏完毕，男人放下小提琴，弯下腰，对着妻子的大肚子轻轻地抚摸一下，轻声说道：“亲爱的孩子，你听见了吗？刚才是你的爸爸和妈妈为你演奏的一首曲目，你还满意吗？”

女人一手扶着大提琴，一手跟着丈夫一起抚摸着肚子，轻声地为腹中的宝贝报幕说：“孩子，请你注意，妈妈现在是在卧室里给你演奏。我演奏的曲子是我和你父亲刚学会的一首名曲，希望你喜欢。”

谈话结束，夫妻两人继续用心地演奏起来。

这名孕妇肚子里的孩子就是后来被整个世界称为“18 世纪的奇迹”的音乐神童，维也纳古典乐派最伟大的音乐家之一的奥地利作曲家沃尔夫冈·阿玛多伊斯·莫扎特。

莫扎特的父亲名叫利奥波德，生于 1719 年，是一个颇有才华的小提琴家和作曲家，他的双亲是敦厚朴实的装订书籍手艺匠。

1737 年，利奥波德离开自己的家乡奥格斯堡和那里的亲人到萨尔茨堡寻找出路。定居 10 年之后，他以宫廷作曲家和宫廷乐队副指挥的身份和宫廷里一位非教职官员的女儿安娜·玛丽亚结婚。

萨尔茨堡是萨尔茨堡大主教独立公国的首府。这里文化气氛浓厚，到处响彻着美妙的乐曲和悦耳的歌声。大主教西吉斯蒙德·冯·施拉腾巴赫是当地的封建领主，在他的宫廷里有一支人数不少的乐队，利奥波德就在这一宫廷乐队里供职。

利奥波德起初教授小提琴，从事作曲工作，后来当了宫廷副乐长，同时还是地方大教堂的管风琴手。他的音乐修养很高，37 岁时，曾出版了《小提琴演奏的基本原则》一书。这本教程是当时世界上最好的小提琴教学用书之一，不只是在奥地利，就是在其他很多国家都大受欢迎。这本书后来成为 18 世纪小提琴演奏法的重要文献。

利奥波德靠宫廷乐长的固定收入维持着自己的生活，虽然不很丰厚，但也还算不错。

莫扎特的母亲安娜性情温柔、开朗，又有着真正的萨尔茨堡人天生的诙谐感。但她除了爱好弹奏大提琴之外，其他一无所长。她是个笃信天主教的贤妻，绝对信任自己的丈夫利奥波德，对他的打算和固执的看法从不提出疑问，总是言听计从。

在其他人眼中，利奥波德和安娜是萨尔茨堡最般配的一对夫妻，他们婚后 7 年中接连生下了 7 个孩子。但不幸的是，7 个孩子中夭折了 5 个，只剩下 1751 年 7 月 30 日出生的女儿玛丽安妮和最小的儿子莫扎特。

莫扎特出生于 1756 年 1 月 27 日。这天是星期天，萨尔茨堡正下着大雪，在 20 时经过了一番生与死的危险之后，他远离了母亲的身体，来到了人世。

第二天清早，他被包在羊毛毯里，在大雪中送到了多姆普莱茨山上的巴罗克教堂。

凛冽的寒风像利刃一般从近旁的巉岩突兀的峰峦之间呼啸而下，猛扑到教堂门口，给那些横眉怒目的圣徒雕像裹上了白色的长袍。教堂内，高高耸立的方柱使跪在地上的几个教徒显得低矮渺小。他们挨着冰凉的大理石地面，冷得直打寒战，只好紧紧裹住身上粗糙的绿色斗篷，不时朝冻得发红的手指上呵气，并挪一挪包得严严实实的双脚，然后又专心致志地祷告。

在教堂座位左后角落里，莫扎特进行了洗礼仪式。高高的铁质洗礼盘敞着盖子，里面灌满了冰凉刺骨的圣水。镇上的牧师利奥波德·兰普雷希特对着小莫扎特先唱颂了开场诗歌，再开始祷告。最后，利奥波德牧师为莫扎特赐名沃尔夫冈·阿玛多伊斯·莫扎特，并从圣水中挑起冰凉的水珠洒向莫扎特，在他的额头画了个十字，仪式才算完毕。

后来，利奥波德又给莫扎特加上了“西吉斯蒙德斯”作为受礼教名，但这个名字一直没有用过。至于他为什么会选择这个名字作为儿子的教名，也许是出于对大主教西吉斯蒙德的敬意。

不过，尽管这样，利奥波德先生和家人总是习惯亲热地称呼莫扎特为“沃尔夫冈”。

三岁开始弹钢琴

莫扎特家里的气氛非常愉快，环境也很舒适。他们家的家具是上好的胡桃木做的，每个房间都有一块大瓷砖和瓷炉子；客厅里放着黑色键盘的钢琴。卧室在正中间，孩子们的矮轮小床放在父母的大床底下。最靠里的屋是父亲利奥波德的书房，书房里有一张写字台，小莫扎特最初的曲目作品就是在那上面写出的。

作为宫廷副指挥的利奥波德先生，常会在干完一天的工作以后，带上几个同事来到自己的小家中，研究新的曲目或练习演奏。

这些同事都是既能作曲又会演奏的人。他们聚在一起练习表演，常常惹得年幼的小莫扎特和他的姐姐在他们身边高兴地欢叫。

母亲安娜把她的全部精力都用在操持家务和照看孩子的生活上，她传给儿子莫扎特乐观、幽默的性格和宽厚质朴的品质。这种性格和品质使成年的莫扎特既显得风度翩翩，又懂得礼貌待人，而且从不以天才自居。

利奥波德先生是一位悉心教子的好父亲，他在孩子们还很小的时候，就教他们读书写字，灌输给他们种种知识。莫扎特对学什么都有兴趣，而且过目不忘。他自幼所表现出的音乐天赋，让音乐家的父亲也叹为观止。

莫扎特3岁时，他脑袋长得出奇的大，漂亮的金发下是一个宽阔的前额，一双从容的蓝色大眼睛特别惹人喜爱。

从这一年起，利奥波德先生开始教7岁的女儿玛丽安妮弹钢琴。

当玛丽安妮学琴的时候，年幼的莫扎特就待在一旁好奇地注视着父亲和姐姐。

他总是坐在地板上玩积木或者饭勺，听到个别琴音时他会突然松开手中的玩具，站起来，几乎是不由自主地向钢琴蹭过去。他的两只小眼睛眨也不眨地盯着父亲怎样教姐姐弹琴。父亲的每一句话，每一个示范动作都毫无遗漏地装进了他的大脑里。

开始，利奥波德先生对这个旁听生毫无介意，但莫扎特不光旁听，有时还爱插嘴，他一会儿问这个为什么，一会儿又指出姐姐拍节不准，指法错了，弄得父亲不知道该教谁好。

最后，利奥波德先生无可奈何地对儿子说：“沃尔夫冈，你到外面去玩好吗？等你长到姐姐这么大，爸爸再教你弹琴。”

莫扎特好像知道自己已经影响了姐姐学琴，就一脸无辜地昂起小脸对父亲说：“请别赶我走，爸爸，我可以不说话。”

于是，莫扎特听姐姐弹琴就真的不说话了，他只是仍用两只小眼睛紧紧地盯着父亲怎样教姐姐。等姐姐下了课，他就用小手试着碰几下琴键。

他那细小的手指找着了一个三度和音，钢琴立即发出好听的声音，他就“咯咯咯”地笑了起来。接着，他又按照顺序继续碰着下面的两个琴键，又找着了另一个三度和音！他欣喜若狂。手指继续移动，但当他找不到下一个低音阶时，他就只好停下来，趴在琴键上“呜呜”地耍起赖来。

一天黄昏，利奥波德先生从宫廷教堂下班回家，他的女儿玛丽安妮从公寓中跑出来，嘴里嚷着“爸爸，爸爸”，直接向他的怀里扑来。

玛丽安妮是个文静的小姑娘，身材纤细，脸上总带着严肃的表情。她有着莫扎特家族的特征：宽阔的前额，从容的蓝灰色大眼睛，漂亮的金发。

这天，她扎起一条金黄色的小辫子，跑起来辫子在她的头上一摇一摆，显得非常好看。

利奥波德先生高兴地一把抱起女儿，当他正想向女儿询问些什么时，他听见从公寓三楼自己家的窗户里，传出了悦耳的钢琴声，这些音乐恰好是这些天他教给女儿的曲目。

利奥波德先生奇怪地望了女儿一眼，他心中暗暗地想：女儿明明在我的身边，那么这时是谁在弹琴呢？难道是……

利奥波德先生顾不得多想，立即放下女儿，飞快地向家中跑去。

原来，年幼的莫扎特看到姐姐弹完琴下楼去了，他就自己踮起脚尖弹了起来。他听到钢琴声如此的动听，不禁高兴地继续弹下去。

但他毕竟还太小了，他的个头还没有钢琴高，他必须双手举在头上才能够到琴键。莫扎特灵机一动，跑到爸爸的书房里，从胡桃木做的书架上使劲抱出一本精装的图书，放到琴凳上，然后又拿了第二本、第三本。

莫扎特扶着钢琴，爬上了琴凳，坐在厚厚的书本上，认真地弹奏起来。这样，美妙的琴声就传出了窗外。

利奥波德先生跑进屋里看见莫扎特双脚在琴凳上悬荡着，心里就什么都明白了。

莫扎特看到进门的爸爸和姐姐，高声地叫道："姐姐，我们来弹一首二重奏好吗?"

姐姐乐得哈哈大笑说："你才刚会弹出几个音符，就想弹二重奏，简直是异想天开。"

莫扎特还想请求姐姐答应自己的要求，这时，他们的女佣特蕾莎走到客厅宣布该用晚餐了。

莫扎特真舍不得从琴凳上跳下来，他要赖似的不理大家，自顾自地待在钢琴旁继续弹奏。

特蕾莎端上了莫扎特最爱吃的烤阉鸡，母亲安娜也在一旁大声地劝说着：“来，我亲爱的孩子，瞧瞧这是什么？”

莫扎特禁不住母亲的吆喝和美食的诱惑，总算从琴凳上下来，蹦蹦跳跳地来到餐桌旁。

这天，特蕾莎用蛋黄、酸奶、啤酒等做了一个当地人很爱喝的“啤酒汤”。饭后，她又端上了奥地利咖啡蛋糕，一股罗姆酒和核桃仁的香味从蛋糕中溢出，但莫扎特还是草草地吃了几口就离开了餐桌。

然而，他并没离开厨房，他口中嚷道：“你们大家先别走开，我来给你们表演一个节目！”

于是，他拿过十几个杯子，并在里面装上了多少不等的清水，然后拿起一个钢叉，在杯沿上敲打起来。说来奇怪，那杯子伴着钢叉的颤抖，一曲莫扎特刚才弹过的钢琴练习曲竟又从杯沿上跳跃起来，而且那声音是如此美妙、如此动听。

看着儿子兴致勃勃的样子，利奥波德先生自言自语地说：“看来，是应该把音乐教给孩子的时候了！”

第二天，小莫扎特开始正式学琴了，他坐在爸爸为他准备的一个高琴凳上，穿着一件与利奥波德礼服几乎一模一样的微型翻版外套。

利奥波德先生的一只手举在空中数着节拍，另一只手握成拳头插在贴袋里。他的眼睛突出，目光冷淡；曲线分明的上嘴唇和厚实的下嘴唇显示出他丰富的感情，但坚强的下巴又表现了他时刻能够抑制这种感情。他轻轻地把孩子胖胖的右手从键盘上拿开，说道：“你先得非常熟练地学会单手弹奏，然后再两只手一起弹。”

年幼的莫扎特小小的身躯挺得笔直，圆圆的眼睛紧盯着爸爸用工整的字体写下的练习曲谱，从此开始了他的音乐生涯。

无师自通写曲谱

莫扎特正式学琴了，他又给父亲带来了难题。他一坐上琴凳就不下来，硬要父亲继续教，不论是到了下课时间，还是父亲要去办别的事情，他总是不满足地噘起小嘴，两手一摊，表示遗憾。

利奥波德望子成龙心切，不断地教孩子们一些高难度的曲谱，让他们练习弹奏。说来也真是奇怪，年仅4岁的莫扎特，凭借生来灵敏的双手，再难再复杂的乐曲，也能轻松自如地驾驭。

有一天，课教完了，莫扎特在半小时内学会了一首小步舞曲，弹得非常熟练，速度也掌握得十分准确。

于是，利奥波德先生就让他跳下凳子跑出去玩。

听了这话，莫扎特并没有马上跳下去享受自由。他坐在琴凳上不动，硬要试着弹二重奏，求姐姐和他一起弹。

利奥波德先生说："听我说，孩子，姐姐今天的功课已经完成了，你也一样！去玩吧！"

说完，利奥波德先生把儿子从凳子上抱下来，并在儿子的额头上轻轻地吻了一下。

通常情况下，小莫扎特很少像姐姐一样到外边玩，他家里的小木马总是四脚朝天地睡在地板上，大皮球、小汽车等玩具也各自躺在沙发边，只有琴凳是莫扎特须臾不能离开的地方。很多时候，当爸爸把莫扎特抱下凳子后，莫扎特总是围着爸爸转一圈后就又会爬上琴凳。有时，利奥波德先生硬逼着儿子休息一下，莫扎特就坐在公寓门前的石阶上，逗他们家的宠物——一只金丝雀、一只小猫和一只小哈巴狗。

尽管在这种时候，他也会一边逗着宠物一边心里想着曲谱，并用脚尖打着拍子，度过他短暂的休息时间。

偶尔，莫扎特也会在草地上和孩子们打打闹闹，但那也只是在他父亲从宫廷中借出生锈的长柄宝剑，莫扎特拿着宝剑扮成宫廷卫士，学着母亲教他的歌剧中人物的口吻，给邻居孩子们表演。

无论小莫扎特做什么，他的嘴里总是喜欢哼些调子来伴奏。当然，这些节拍绝对是准确的，如果让他嘴里不发出伴奏的声音，他真是比什么还难受。

一个星期四的下午，利奥波德先生和同事兼好友沙赫特纳，一名吹号手，走到公寓的楼下，发现家里没有传出琴声。

这真是有些破例，利奥波德先生急忙上楼，推开了家门，只见小莫扎特正在父亲的写字台前忙得不亦乐乎。

4 岁的莫扎特手里拿着鹅毛笔，桌上铺着五线谱，湿乎乎的墨水浸湿了五线谱纸的一角。墨水瓶里的墨水已经用完，小莫扎特正忙着用毛巾擦掉纸上的墨迹。而他的脸上、手上，以及袖口衣服上却早已全是斑斑点点的墨水了。

利奥波德先生立即表现出他理解儿童心理的特殊才能。他对孩子弄洒了墨水、弄脏了衣服没有训斥，对他装成一个大人和作曲家的样子也没有讥笑。

他表情严肃地问儿子："沃尔夫冈，你这是在做什么呢？"

莫扎特头也不抬地回答："写一首钢琴协奏曲，"说着，他抹掉了另一个墨渍，小声地嘟囔了一句："不过，马上就写好了。"

利奥波德先生来了兴致，开玩笑地对儿子说："哟，你已经会写协奏曲啦！可你到底是把曲子写在五线谱上还是写在脸上了啊？"

莫扎特似乎没听见父亲的戏言，他继续用沾满墨水的手仔细地擦着墨迹。

利奥波德先生半信半疑地说道："让我看看！"

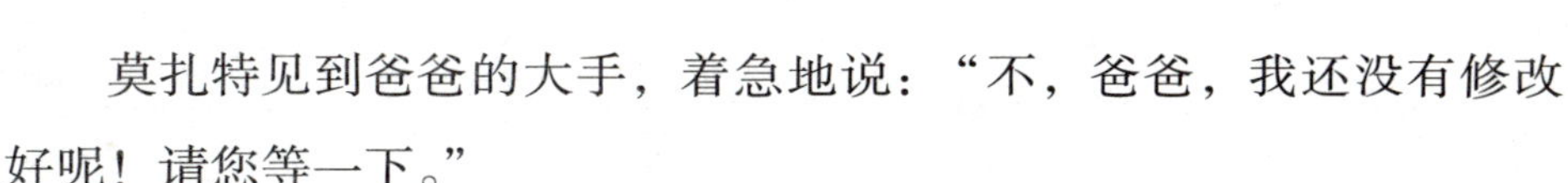

莫扎特见到爸爸的大手，着急地说：“不，爸爸，我还没有修改好呢！请您等一下。”

但利奥波德先生还是将五线谱拿了过去，同沙赫特纳会心地对视一笑。接着，他开始审视这份就其结构和主题来说“显然是胡闹”的东西。

看着看着，利奥波德先生惊奇地睁大了双眼，脸上的肌肉抽搐起来，泪水涌上了眼眶。他发现儿子的曲子不仅符合创作的规律与要求，而且有充实的内容。

利奥波德先生一言不发地把五线谱递给沙赫特纳，指给他看其中的细节。最后，他带着难以相信的表情叹了一口气，说道：“这真是奇迹，这孩子不仅仅写出了一首协奏曲，而且写得那么难，简直就没有人能演奏它。”

沙赫特纳看完五线谱，也惊讶地张大了嘴巴，用惊奇的眼光久久地看着莫扎特说：“天啦！孩子，你怎么会写这么难的协奏曲，真是太不可思议了！”

这时，一直耐心地等着要回他的手稿的莫扎特得意地叫道：“是的，叔叔，你说得太对了！它是难极了，要不然怎么叫协奏曲呢。”

说着，莫扎特飞快地跑到钢琴边，把胖胖的手指伸开，在琴键上比画着，用大人的口吻一本正经地说道：“不过，如果多多地练习，练习熟练了，这首协奏曲也就很简单了！”

听莫扎特的意思，好像是他故意将曲目写得那么难的，因为，对于他来说，弹协奏曲和表演魔术一样有意思，好玩。

莫扎特一脸认真地解释，惹得利奥波德先生和沙赫特纳哈哈大笑起来。姐姐玛丽安妮知道这件事后，把弟弟第一次创作的手稿小心翼翼地收藏了起来。

提琴伴奏惊乐师

莫扎特的天赋就是这样自然生成，光焰耀目。

由于莫扎特的父亲在宫廷乐团里有不少好朋友，所以在利奥波德的家里经常有人来弹琴唱歌。一天下午，宫廷小提琴手文策尔写了6首小提琴三重奏曲子。沙赫特纳和文策尔一起带着小提琴，准备和利奥波德一起练琴。

一看见小提琴和乐谱搬出来，在一旁打转的莫扎特就来了精神。

他自己有一架小巧玲珑的小提琴，不过还没学过。他紧紧摸着手里的玩具小提琴，硬挤进大人堆里，诚恳地对父亲说："爸爸，让我拉第二小提琴吧！"

利奥波德有点不敢相信自己的耳朵，他知道儿子从来就没有学过小提琴啊！他奇怪地问："你说什么，你拉第二？"

莫扎特眼睛睁得大大的，眼巴巴地望着父亲，非常认真地说："是的，爸爸，我能拉！"

利奥波德先生有些生气了，他责备地说："去去去，你一次都没学过，怎么能拉第二小提琴呢？一边玩去！"

莫扎特不肯轻易放弃，他使劲抵住发颤的嘴唇，再一次请求说："不，爸爸，拉第二小提琴不用学也能行。"

利奥波德先生不再理会儿子的话，他斜着眼睛严厉地瞪了莫扎特一眼，说："沃尔夫冈，我们马上就要演奏了，你还耽误我们的时间，真讨厌。快一边去！"

莫扎特见爸爸拒绝了自己，眼泪一下子就流出来了，他抱着小提琴悄悄地走进了卧室，在里面伤心地哭了起来。

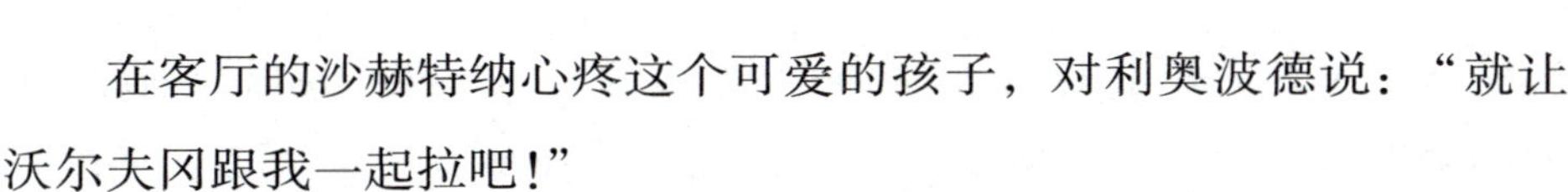

在客厅的沙赫特纳心疼这个可爱的孩子，对利奥波德说：“就让沃尔夫冈跟我一起拉吧！”

他会意地冲利奥波德先生挤了挤眼，小声地加了一句说：“你不会听见他拉的声音的。”

余怒未消的利奥波德总算作出了让步，对沙赫特纳点点头说：“那好吧！”

沙赫特纳赶紧跑进卧室抱回了小莫扎特，帮他擦了擦脸上的眼泪，把他放在一把椅子上，小声地安慰着说：“来吧，孩子，爸爸已经同意了，你可以跟着叔叔一起拉！”

莫扎特担心地看了父亲一眼，利奥波德先生晃着手指说：“听着，沃尔夫冈，只许你小声拉，不然就马上把你撵走。”

演奏开始了，莫扎特的琴似乎坏了，因为根本就没有声音发出来。几分钟后，小莫扎特完全忘了父亲刚才的嘱咐，尽情地拉了起来。

过了一会儿，沙赫特纳一边拉着琴，一边瞧着莫扎特。显然，莫扎特的琴声已经很快超过了他，这位年迈的小号手成了多余的人。

这个 5 岁的小家伙一个人就把整个第二小提琴部分拉了下来，而且拉得非常漂亮。

沙赫特纳轻轻放下自己的小提琴，瞟一眼利奥波德，然后轻轻地走到屋边，坐在了凳子上。

利奥波德激动地不断

用手抹去淌到面颊上的泪水。谁也没说什么，就这样一直把6首三重奏曲子全部拉完。这时利奥波德再也挡不住他的两位客人了，他们一把搂住孩子，亲吻着他，一面啧啧赞叹。

文策尔竖起了大拇指，夸莫扎特居然一点儿错误也没有。

莫扎特一扭头，向父亲说："如果让我拉第一小提琴，我也照样能够拉下来。"

这孩子一上了劲，就很难劝住他，利奥波德先生只好让他拉了第一小提琴。这一次，尽管莫扎特指法错了，也不很成调，但始终没有出现过拉不下去的情况。从这一天开始，莫扎特又正式向父亲学拉小提琴了。

这一天的临睡前，他们照例讲了一段故事，举行了爱抚孩子的儿童仪式。

莫扎特站在爸爸身边的一张椅子上，按照自己编出来的调子唱谁也不懂的一句话："奥莱格纳·费格塔发，玛里娜·加米娜发。"

然后吻一下利奥波德的鼻尖，向他保证等父亲老了，一定要把他放进玻璃箱里保护起来，这样就能经常看看爸爸了。

最后，莫扎特才爬上床睡觉。

这天，他慢慢地闭上了眼睛。但只过了一会儿，他又睁开眼睛，凑在利奥波德的耳边说道："爸爸，我有一个秘密要告诉您，除了上帝，我最爱的人是您！"

说着，他再次地亲吻了一下父亲的鼻尖。

获得“神童”美誉

莫扎特的演出生涯是在1761年9月开始的，那年他5岁。他参加了萨尔茨堡中学为庆祝年终而上演的一出拉丁语喜剧的合唱团。

喜剧的音乐是宫廷风琴师埃贝林写的，这台节目需要150名孩子同台演出，而莫扎特就是其中之一。虽说这种演出也许只是让孩子在台上热闹一下，但作为父亲的利奥波德却非常重视这种能让孩子参与，并可以吸引公众注意力的活动。他认为，这种活动能带给孩子一种浓厚的艺术熏陶。

也就在这一年，利奥波德在莫扎特学习小夜曲的乐谱本上记下了他创作的第一首曲子。利奥波德知道这首曲调虽然十分简单，但激荡着的却是幼小儿子的心情流露。在这首曲子中，莫扎特将曲调抒发得相当出色，人们一望即知是他的作品。

最重要的是，即使是训练有素的作曲家，也不见得能写出这种心态的曲子。它再好不过地证明了幼年的莫扎特天生就有纯正而健全的乐感。

在莫扎特满6岁以前，他的生活一直很愉快，负担也不太重。他像小天使一样活泼，而且和人们通常想象的神童的性格迥然相异。他听话、温顺、可爱，对谁都非常亲热。他不生气，不发火，从来也没狂怒地大喊，也没气势汹汹地在地板上跺过脚。

不管上什么课，莫扎特都是一学就会，而且非常轻松。刚开始时，他满脑袋想的都是音乐，但他一学会了简单的算术，家里顷刻就画满了数字，不管是墙壁上、地板上，还是桌子上、椅子上，被他写得到处都是。

他对数学如此喜爱显然和他在作曲中熟练的对位技巧有关，因为他唯一真正热爱的毕竟还是音乐。所以，不管他多么顽皮，多么喜欢把数字画得到处都是，只要一弹上钢琴或羽管键琴，他的那些游戏就立刻忘得一干二净了。

莫扎特在音乐上的天赋，令他周围的人们震惊，也使他的父亲感到骄傲和自豪，同时也感到不安。

因为在18世纪，音乐家是为宫廷服务的，社会地位与仆役相差无几，在生活上也只是将才华换面包而已。

利奥波德看到了莫扎特罕见的音乐天才，在经过一段时期的培养以后，他开始考虑一个旅行演出的计划。

这种计划有两方面的考虑，一是可以让孩子在旅行演出中提高演奏的技巧，二是可以让孩子早日出名。

他觉得，一个6岁的孩子的旅行演出极易引起轰动，而孩子只要在慕尼黑等地一出名，消息很快会传到萨尔茨堡，这样又可以有两方面的收益：一是孩子出了名，今后的生活就不用愁了；二是孩子的出名，无形中提高了父亲在大主教西吉斯蒙德面前的地位。这对父亲在宫廷乐团中的地位是很有影响的。

于是，利奥波德先生正式决定，让孩子到慕尼黑、维也纳等地开始旅行演出。

1762年1月，利奥波德决定让妻子安娜·玛丽亚留在家里，这样可以节省部分开支，而由自己带着女儿、儿子到慕尼黑去。

母亲安娜·玛丽亚的任务是：把孩子最厚实的衣服刷干净，路上穿；带上最漂亮的衣服留待参加音乐会时穿。她把扣子擦得亮亮的，织了几双新的厚袜子和连指手套，并把演出时的帽子装在了纸盒子里以防压坏。

一切准备就绪，利奥波德从大主教那里为自己争得了休假。

1月12日，高大的驿车“咕隆咕隆”地驶过洛赫尔广场那满是积雪的、肮脏的鹅卵石地面，停在莫扎特他们居住的公寓门前。利奥波德先生吩咐着司机和自己的几个同事帮忙把小钢琴、小提琴装上了高大的驿车。

母亲安娜抱着小地毯和毛毯急匆匆地下了楼，身后跟着两个兴高采烈的孩子。头戴三角帽，身穿大衣的利奥波德站在一旁，看着她把孩子放进车里坐好，还乱七八糟地塞进去大包小包的食物和一瓶瓶营养饮料。

然后，母亲又走到孩子身边，把孩子的脖子裹严实了，并嘱咐比莫扎特大 5 岁的姐姐说：

"玛丽安妮，你是姐姐，在外边要懂得照顾弟弟，别让弟弟吃不干净的食物。刮风下雨过小河时，别把衣裤弄湿了，以防感冒。如果大便不通，就多喝开水。路上要听爸爸的话，做个好孩子。"

听母亲这样说，姐姐玛丽安妮一边点头一边说："记住了，记住了，妈妈，您都说了几百遍了！我会照顾好弟弟、听爸爸的话的！"

母亲不好意思地向孩子们笑了笑，接着，又使劲地搂着两个孩子的脖子，并在他们的脸上印下了无数个亲吻。然后，她倒退着离开马车，又和丈夫利奥波德先生拥抱告别。

利奥波德先生纵身跳上车，"砰"的一声带上了门。

马车的梯子叠了起来，马车夫的鞭子"啪"地一甩，声音清脆、响亮。驿车顿时抖动起来，并在雪地上剖开了两道印痕。

安娜退到门道里，躲开四处飞溅的泥浆。马车拐了弯，摇摇晃晃地驶远了，她还在冲着紧贴着车后窗玻璃的两张小脸挥动围裙。

孩子们先是听见 16 只厚实的马蹄发出"嘚嘚"的脚步声，接着是车轮在鹅卵石上发出的阵阵"咕隆"声，母亲的身影渐渐模糊了，她手中挥舞的围裙也渐渐看不清了。伴着沉重的车轮颠簸的节拍声，莫扎特和他的姐姐开始了他们的旅行演出生涯。

慕尼黑是德国面积最大的联邦州巴伐利亚自由州的首府，伊萨尔河从市中心穿过，它也是欧洲最美的城市之一。

“慕尼黑”德语的意思是僧侣之乡，这里建立了很多隐修院，坐在驿车里的利奥波德先生见到这些隐修院，暗暗在心里许愿说：“慕尼黑，请保佑我们成功!”

利奥波德先生不仅是个好爸爸、好老师，而且还是个第一流的宣传家。一到慕尼黑，他就忙着四处宣扬他的两个孩子的本事。

慕尼黑是个很喜欢音乐的城市，当地最显赫的贵族除了对音乐的爱好之外，也经常以对音乐的喜好来显示自己的高雅。所以当他们听说有两个很厉害的孩子驾临城市时，自然就有几家贵族邀请他们去演出。

而莫扎特姐弟的演出确实也很出人意料，加上有利奥波德这样一个既懂音乐又懂得宣传的行家，不久，“选帝侯”马克西米利安·约瑟夫三世的宫廷就向这两位孩子发出了邀请。

所谓“选帝侯”，是当时罗马帝国时代的一项规定，即指定某些邦君能够参与皇帝的选举。这项规定大约从 1273 年开始，并在 1356 年经金玺诏书确认的。

而当时的欧洲正是战事此起彼伏，大小王朝林立，德国和意大利已经分裂成上百个形形色色的小公国，这些小公国名义上都属神圣的罗马帝国管辖。所以，能得到选帝侯的青睐，对利奥波德一家来说已是莫大的荣幸了。

慕尼黑之行，使小莫扎特得到了“神童”的美誉，他们所到之处都留下了很好的印象。人们总是以优厚的待遇招待他们，对他们的演出更是赞不绝口。

三个星期之后，他们带着贵族老爷们赏赐的一大堆戒指、鼻烟壶等各种古玩和装饰品回到了家里。

利奥波德没有被儿子最初的成功冲昏头脑，他心中又有了新的打算，他决定先回家乡作一些休整，而这种休整，却意味着一个更大计

划的诞生。

于是，回家后的利奥波德先生每天给儿子安排了更多的学习任务，他要让孩子对贵族们提出的任何一个音乐难题都对答如流，他要让孩子在钢琴和小提琴的演奏上可与专家相媲美，所以他的安排更紧凑了。

而对于喜爱音乐的莫扎特来说，除了每天完成爸爸的作业以外，他居然还创作起小夜曲和其他小品来了。而爱子心切又具有远见的父亲竟把莫扎特的这些作品一丝不苟地抄在女儿的练习谱本上。

这个本子后来辗转到了格拉茨的一家人的手里，他们又转卖给了俄国的保莉妮王爵小姐。当这个谱本在世上度过了100周年以后，王爵小姐又把它送回了谱本的老家，这使莫扎特的后代欣喜若狂。

进入宫廷献艺

1762年9月，莫扎特全家，踏上了前往音乐之都维也纳的旅程。

维也纳位于多瑙河畔，是奥地利帝国的首都，全世界瞩目的文化名城。利奥波德把两个孩子带到维也纳来献艺是有远见的。作为欧洲音乐名城，维也纳代表着当时最高的艺术水平和最典雅的艺术趣味，如果他的孩子能得到这里的承认，那必将前途无量。

这一次，利奥波德先生把妻子安娜·玛丽亚也一起带去了。

安娜把自己最好的一套绸衣服、三角透孔围巾和孩子们的漂亮服装打点在一起。他们的行动资金没费什么事就凑齐了，那是利奥波德先生向热心的房东哈格诺尔借的。

这次外出，利奥波德做了一次“贵族式的旅行”。上次的慕尼黑旅行演出，他们是坐驿站的轻便马车，也就是公共马车，驿站的马车到地方得换马换车，造成很多不便。

利奥波德认为，作为一个专门为宫廷皇族服务的家庭，出行必须有相应的排场，所以这就得雇有专用的马车。再说，专用的马车，碰到那些不平整的小路，也不必拼命地赶路，这对孩子的健康是有益的。

更主要的原因是，利奥波德还觉得自己一家的旅行演出和那种客串于宫廷中的乐师有着根本的区别，他们不只是赚钱维持生计，而是要让孩子出名。而要出名就得给贵族一个好印象，讲排场就是不可少的了，它会换来更多的赞赏。

当然，为了演出成功，他们必须带上很多东西，比如钢琴、两把小提琴、乐谱架等，还有几箱装得满满的衣服。这些东西都被他们捆

在了马车的顶篷上。

他们旅行的第一站是奥地利北部城市，多瑙河上游最大的河港、上奥地利州首府林茨。莫扎特和姐姐在这里举行了一次音乐会。

当地的两位贵族赫贝尔斯坦伯爵和年轻的帕尔费伯爵听了孩子的演奏后又到维也纳首都宣扬了一番，结果是孩子们还没到，那里的人们就已知道他们将会引起的轰动了。

可是，当莫扎特一家结束了在林茨的演出，刚踏上去维也纳的大路时，贵族式的马车却因一路的颠簸而无法行走了。而维也纳那边则由于两位伯爵的宣传，一批贵族已翘首企盼了。好在从林茨到维也纳，可以沿多瑙河乘船而上。于是莫扎特全家连同那辆贵族式的马车全部乘上了船。

沿多瑙河进入维也纳，必须经过海关检查站，而这里的所谓例行检查是很烦琐的一个过程。因为检查官会命令乘客把所有的行李都打开来等待检查，而这等于是做一次出门旅行前的行囊包扎准备。

这时，6岁的莫扎特拿出了自己的小提琴拉了一支小夜曲，用琴声倾倒了粗俗的海关检查官。于是，他们繁重的行李没经检查，就顺利通过了海关。

由于林茨两位贵族的宣扬，维也纳的上流社会正在热切地期待着两个神童的到来。他们一下子成了全城谈论的中心话题，贵族夫人们竞相款待他们，她们甚至还互相攀比谁招待得最豪华、最排场。

当时的维也纳还没有大型的音乐厅，一般的音乐会多是在达官贵人或者是富商名流家的客厅内举行。演出了两场后，利奥波德想，如果能安排在皇宫内演出，那就好了。

利奥波德虽然这样想，但他并没有这样的奢望，然而，他们一家在这里真的交上了好运。正当他们为两个孩子所获得的掌声和赞誉十分欣慰，无限欣喜的时候，又传来了维也纳皇宫舍恩博隆宫的召见令。这使全家欣喜若狂。

维也纳皇宫是奥地利帝国的心脏，利奥波德知道，如果能在这里演出成功，那才是真正的成功。利奥波德又抓紧时间让孩子们认真地排练了几次，当他确定完全准确无误时，他才让孩子们休息一下。

让人激动万分的日子终于到了，这天一大早，莫扎特的母亲就对两个孩子进行了细致的梳洗和打扮。小莫扎特身穿镶金线的白衣服，头戴银白色鬈发的假发套，腰挎一柄明晃晃的短剑，再衬以白袜黑靴，俨然像一个非常绅士的小伙子。

皇帝的私人总管坐着一辆皇家马车到他们住的白牛街来接他们。

皇家马车刚在舍恩博隆宫的广场上停下，头戴皇家卫士帽的卫兵就过来打开了车门，并敬礼恭候小客人下了马车。

当利奥波德带着孩子们觐见皇帝和皇后时，他显得诚惶诚恐，而他的两个孩子却依然天真如故。金碧辉煌的宫殿，毕恭毕敬的侍者，还有从他们一下马车就受到极高贵人们的谦恭接待，都让姐弟俩感到新鲜有趣。

姐弟俩美丽大方的服饰立即博得了皇家的喜爱。皇后示意要莫扎特从宫廷圆坛边走向皇座。

这时的利奥波德真是有些担心。而莫扎特却非常的自在。他扫视了一下宫廷四壁无数面镜子，然后向父亲点点头，踏着红色天鹅绒地毯，向着吊有水晶大花灯的地方走去。

他的姐姐玛丽安妮反而成了弟弟的“随从”，紧紧地跟在身后。到了皇后的安乐椅边，玛丽安妮首先躬身屈膝行了个大礼，而莫扎特则像小绅士一样吻了吻皇后的手。

皇后玛丽娅·特蕾莎是个很爱孩子的人，她特别喜欢天真而自然的儿童。

她生了16个孩子，虽然由于传统的约束，她不得不恪守自己的尊严和身份。但在那个多子女的时代里，她对孩子们的疼爱还是远远超过了大多数的皇后。她有真挚、深沉的母爱和典型的德国人气质，因此她很自然地喜欢聪明而可爱的孩子。

皇后热情地拍拍自己的膝盖，对莫扎特说："来，到这里来!"

莫扎特爬上了皇后的膝盖，皇后亲热地搂着他，吻着他的小脸，和蔼地问："哦，漂亮的孩子，你几岁了?"

莫扎特爽快地回答："6 岁。"

皇后问："都说你的琴弹得很好，是谁教你的呀?"

莫扎特高兴地答道："是爸爸。"说着，他回头看了父亲一眼。

利奥波德赶忙点了一下头，脸上溢出了得意的神情。

皇后轻声地"哦"了一声，小声地问莫扎特："喜欢我吗?"

"当然!"说着，莫扎特竟大胆地捧着皇后的脸亲吻起来。这使在一旁的弗兰西斯皇帝大感意外，而利奥波德先生也如同热锅上的蚂蚁，变得手足无措起来。

皇后看到身边人的惊恐，摸着莫扎特的头，笑着说："没关系，这个孩子是从心底里喜欢我才这样做的，其实我也很喜欢他。"

说完，皇后又吩咐侍从把她的孩子们叫来，并对莫扎特说："那么，一会儿你和姐姐一起为我们大家表演好吗?"

莫扎特快活地回答："好的!"

皇后从小受过很好的钢琴和音乐修养教育，她的美声唱法也能让人倾倒。她的儿子约瑟夫很小的时候，便请了著名音乐家瓦根西尔来给孩子们上课，而约瑟夫则成了瓦根西尔的得意学生。

听到皇后要叫孩子们来听自己的演奏，莫扎特心里很高兴，但他随即插话道："请把宫廷音乐师也请来，因为他也是一个懂音乐的人。"

在皇帝专用的艺术沙龙里，王室成员坐在舒适的安乐椅中，把两个山区来的小孩团团围了起来，而且皇后和皇帝特别开恩，准许两个孩子免去宫廷中那一套必有的称呼和礼节，让孩子就像在家里一样无拘无束。

不知道是这一次与王室人员那亲热随便的接触，还是莫扎特本来就有的一种素质，从他第一次进宫以后，此后无论哪一次与皇帝或别国的帝王接触，莫扎特从没一次感到局促和不安。

他和姐姐在王室成员中如鱼得水地演奏了3个小时，一会儿是钢琴二重奏，一会儿又是钢琴独奏、奏鸣曲，最后还演奏了小提琴。

坐在前排观看的皇后玛丽娅·特蕾莎惊喜得几乎叫出声来说："这两个孩子的弹奏，真是妙极了，他们简直是奇才啊！"

一边的皇帝弗兰西斯也赞不绝口。

利奥波德见此情景，会意地冲莫扎特点点头，要儿子拿出最绝妙的本领。莫扎特心领神会，立即从口袋里抽出早已准备好的一块丝质长条巾，将琴键蒙上，然后他的细小的手指在琴键上娴熟自如地移动着，并且准确无误。

这时，尊贵的王室成员，特别是年幼的王子和公主们个个看得目瞪口呆。莫扎特姐弟的演奏，使在座的人无不大饱眼福，拍手称绝。

演出结束后，皇后用高价向莫扎特预订了小夜曲，并把镶有自己肖像的金表送给了莫扎特。这对利奥波德来说，是最珍贵的赏赐了。

首次的宫廷演出之后，莫扎特成了宫廷中的常客，此后的一个月时间里，他和姐姐又多次在皇家沙龙表演钢琴二重奏、独奏和小提琴、钢琴的奏鸣曲。他还作了即兴演奏，并为皇子皇孙们的演唱伴奏。

最为轰动的是这样一件事：著名的维也纳作曲家瓦根西尔来到皇宫，他是皇后请来为她的儿子约瑟夫上音乐课的。莫扎特当着他的面，一次未曾练习，就看着乐谱演奏了他的一首难度极大的钢琴协奏曲，惊人的熟练和准确竟使曲作者无比惊诧。

这位维也纳最优秀的作曲家走到莫扎特跟前，爱抚地摸着他的手，激动不已地说："奇才！你真是个奇才！"

很快莫扎特便名扬维也纳全城，并且成了皇宫的宠儿。皇后玛丽娅·特蕾莎对他像母亲一样慈祥。莫扎特常常忘掉森严的等级差别，天真地爬上皇后的膝盖去亲吻她。皇后一点也不觉得他做得过分，反倒更加喜欢逗他玩。

皇帝弗兰西斯一世是王室成员中最喜欢莫扎特的人，但他的乐趣是逗这孩子玩，而不在于欣赏莫扎特的音乐。他觉得让莫扎特用一个手指弹琴或者用一块布蒙住琴键弹奏才能算奇迹。然而莫扎特很快就对这种与艺术格格不入的胡闹产生了鄙视。

皇宫里的小王子和小公主们也非常愿意与莫扎特姐弟玩，他们觉得能同这个孩子在一起玩耍是最开心的事。莫扎特无拘无束地同他们嬉戏。其中，他特别喜欢 7 岁的小公主玛丽·安东奈特。

一天，莫扎特走在玛丽·安东奈特和她的一个姐姐中间，突然滑了一下，摔倒在打蜡地板上。玛丽·安东奈特的姐姐往前走了，而她却把莫扎特扶了起来，一边为他拍拍身上的尘土，一边热心地安慰他。

莫扎特高兴地对小公主说："你真好，等我长大了，一定娶你为妻。"

小公主回答说："我感到和你在一起是一种荣幸。"

事后，莫扎特还兴奋地向皇后提亲，皇后奇怪地问莫扎特为什么要这么做。

莫扎特非常诚恳地答道："因为我感激她，她待我很好，玩起来也很高兴。可她的姐姐却根本不理睬我。"

但遗憾的是，10 多年后，当莫扎特再一次地见到这位小公主的时候，玛丽·安东奈特已经成为法国国王路易十六的妻子。

在维也纳皇宫的这段日子里，皇后玛丽娅·特蕾莎给莫扎特留下了终生难忘的印象。皇后酷爱艺术，有很高的音乐修养。莫扎特能为她弹奏，也可说是找到了知音。

同时，她又是一位比较开明的皇后，招贤纳才。当时欧洲一些著名的作曲家、演奏师纷至沓来，维也纳成为当时欧洲文化交流和音乐活动的一个中心，不能不说与她及她儿子约瑟夫二世执政时期所推行的开明政策有关。

最使莫扎特不能忘怀的是这位皇后在她的命名日那天，让人捧上了她送给姐弟俩的两套极为昂贵的正式的礼服。送给莫扎特的那一套是原来为她的儿子马克西米利安王子做的紫丁香色的礼服。送给姐姐玛丽安妮的则是原来为某个公主定做的白色真丝礼服。

虽然莫扎特不知道那是什么料子的礼服，但却知道那是山城里从未见过的高级料子，礼服的里面还有一件同样颜色的小背心。整套衣服的边缘都有两条宽阔的镶金滚边，这使莫扎特爱不释手。姐姐玛丽安妮，她也没见过真丝服装，只感到那料子是如此的洁白，如此的飘逸，那上面还缀有纯金的小装饰品，真让人眼花缭乱。

从这一天起，小莫扎特姐弟俩穿着宫廷礼服，可以出入各种宫廷盛会、文艺沙龙。穿着它们，光彩照人。于是，利奥波德特地请人为两个孩子画了两幅盛装画像。这两幅画记录了这段美好的时光，留下了最珍贵的记忆。

画像中的莫扎特身体稍稍向左面侧着站立着，然后把脸庞向右转到正面，微笑地看着画师。他的头发两鬓有三叠卷曲着，胸前脖子上是一串白色的花状装饰物，礼服的上衣敞开着，莫扎特的左手在胸前插入小背心的纽扣中，他的右手微微撩起上衣后把虎口轻轻地按在腰间，一双可爱的小手腕上露出衬衣那柔软飘逸的白色花边。真是一个人见人爱、气质不凡的小男孩。

画像中的玛丽安妮则穿着那套真丝礼服，身体右侧，左手轻轻地搭在左腿上，胸前的那些装饰品让她感到很耀眼，因为她毕竟是位大姑娘了。

画师对自己的这两幅作品很满意，这两幅画像一直保存至今。这就是后人们所熟悉的两个小音乐家的珍贵形象了。

再说莫扎特在宫廷演出受到皇后和皇子皇孙的欢迎，几乎连着几个月都在为宫廷演出，这使莫扎特根本没有时间去别的贵族家演出，而这样反而造成了贵族中以能请到莫扎特到家为荣的想法。而要达到此目的，更多的赏赐就成了最有效的捷径。

紧张而频繁的演出换来了可观的赏赐，贵族也仿效着宫廷将不少钱物慷慨地赐给两个孩子。但其中很大一部分却是佩剑、怀表和鼻烟壶等，有时还会得到一些漂亮的鞋扣、几首小诗，甚至是莞尔一笑。但这些东西大多是皇帝或是贵族所赐，因此，它们便成为值得在任何人面前炫耀的资本。

每天从傍晚到深夜，两个孩子的时间都被王公贵族的邀请排得满满的，他们几乎没有了正常的休息时间。日子一久，这种超负荷的演出，很快就产生了恶果。

10 月 21 日，在舍恩博隆宫演完一场音乐会以后，莫扎特病倒了。他发着高烧，全身起红疹。

为了让孩子早日康复，利奥波德特意写信给家里，请主教大人让当地供奉的圣徒做弥撒。然而，猩红热要比萨尔茨堡的祈祷厉害得多。连续 4 个星期他们全家都被隔离了，一点收入都没有。贵族们派男仆带来的只是礼节性的问候，而不是钱。

面色苍白、略带病容的莫扎特重新出来演出时，大多数以前经常邀请他去的贵族人家都避而远之了。这种对传染病的恐惧心理在当时也是可以理解的。在这种情况下，他们不得不在 1763 年 1 月返回家乡萨尔茨堡。

不过，幸运的是，皇后对莫扎特的关心仍在，宫廷把皇家金库里的不少钱财礼物都慷慨地赏赐给他们，临行前，皇后又差人送给利奥波德家不少珍宝玉器。利奥波德真可以说是名利双收了，他在维也纳的梦想终于实现了！

孩子们在维也纳王宫所受到的礼遇以及所得到的丰富的馈赠，使利奥波德先生有些得意忘形，他不分场合逢人便滔滔不绝向别人鼓吹自己所得到的荣誉与珍品。后来，在他们回家的路上遭遇了一场意外事件。

一天，他们住进一家小客栈。晚上，一个神父模样的人钻进他们的客房。

利奥波德顿时又兴奋起来，他兴冲冲地向对方介绍自己不寻常的经历，并被荣耀冲昏了头脑，竟把装满金银财宝的沉甸甸的箱子打开向这位假仁假义的神父加以展示。看到这闪光耀眼的满箱珠宝，陌生神父双眼圆睁，流露出贪婪的目光。

第二天清晨，从美梦中醒来的利奥波德发现，自己心爱的百宝箱已经变得空空了。原来，他们遇到的是一个高明的扒手。利奥波德这才懊恼至极，在伤心与失望的心态下向家的方向走去。

欧洲之旅

我将会在旋律中生活，也将会在旋律中死去。音乐成了我的生命。

——莫扎特

七龄童艺震宫廷

1763年1月，当利奥波德夫妇带着两个孩子回到家乡萨尔茨堡时，精疲力竭的他们在乡亲们面前展示了剩下的部分皇帝贵族给他们的赏赐。

这些东西虽然没有被小偷偷走的那些珍宝值钱，但仍然使家乡的人们大开了眼界，同时，乡亲们也为他们的成功演出而感到骄傲。

然而，由于不分昼夜地旅途奔波，以及为贵族们不停地演出，莫扎特那幼小的心灵和身体却受到了极大的摧残，这对莫扎特日后的生活造成了无法弥补的损失。应该说，除去莫扎特患猩红热之后的一段经历，维也纳的旅行演出是极其成功的。

不过，由于他们去维也纳的时间大大超过了利奥波德向大主教西吉斯蒙德请假的时间，主教大人为此大动肝火，好在，西吉斯蒙德还算是一个通情达理的人，利奥波德回到家里就立即投入到紧张的工作中，这使主教多少有些满意。

利奥波德一家在这次旅行演出时，正是欧洲混乱不堪的时候：大小王朝林立，战争此伏彼起，国界版图变化无常，明争暗斗到处盛行；从王公诸侯抢夺王位到千金小姐争嫁高门，各种角逐屡见不鲜。只有英国、法国、俄国等少数几个国家的政府在外表上还保持着统一。

德国和意大利都分裂成上百个形形色色的小公国，每个小公国都有自己的朝廷和统治者。他们在名义上都属于神圣罗马帝国管辖。帝国皇上是小莫扎特会见的皇帝弗兰西斯一世。但实际上这些领土都由一些分裂的小王朝统治着。

这些小王朝的统治者们平时酒足饭饱，无所事事，就忙于玩弄权术、谈情说爱、骄奢淫逸，有时也冠冕堂皇地赞助一下艺术事业的发展。在国王、公侯们的恩惠下，绘画、雕塑、诗歌、戏剧和音乐都大放异彩。

在这个时期，高官显贵们与应邀聚集在他们身边的艺术家的关系十分融洽。尽管现代的无产者对这些豪华的小朝廷指责甚多，他们也举不出一个例子来和那时亲切的民主气氛相媲美。

当然，这幅图画也有其阴暗面，那就是如果哪一位艺术家时运不济，或者是缺乏个人魅力，又没有力量去博得某个王公的青睐，那他就会面临着饿死的危险。

18 世纪时的欧洲，慷慨资助一切艺术的小王朝统治者为数极多，但他们的真正动机几乎一半是出于竞争心理，另一半才是出于对美的追求，还有的则是出于附庸风雅和虚情假意的赞叹，所以王公贵族都表现出对音乐等艺术特有的偏爱。

这种竞争和偏爱使音乐的发展有了肥沃的土壤，音乐界也呈现出了前所未有的繁荣景象。

莫扎特的父亲利奥波德正是看到了这种种的有利因素，他在维也纳凯旋之后，经过冷静细致的分析，他相信，自己的儿子必将能吸引更多的王公贵族。

回到家乡的利奥波德一方面有条不紊地干着宫廷的差事，另一方面也忙着计划下一次的旅行。在家乡的 6 个月里，利奥波德千方百计地搞一些能晋见小王朝统治者的推荐信，他知道，有了上层社会的推荐信，他就能被皇族贵族所召见。召见以后，凭着莫扎特姐弟的天才，他就可能得到有力的资助。那么，更大的成功和赏赐也就随之而来了。认识到这一点，利奥波德每次搞到推荐信，总把它们与皇族的赏赐珍藏在一起，以备日后之需。

在一切准备就绪之后，考虑到贵族通常在夏天离开首都，利奥波德于是选择了一条去乡间拜访他们的路线。这年 5 月，他再次向全家宣布了自己的宏伟计划。

妻子安娜顺从地开始打点行装。想到又要长期出远门，时间到底多久还不知道，她的心里就十分难受。对于离开亲切、淳朴的朋友，离开女佣特蕾莎和她喜爱的小动物，她也感到恋恋不舍。

她爱萨尔茨堡的广场、牌楼、码头；她爱萨尔茨堡的教堂；她爱彼得地下酒店，那是个光线暗淡、静谧圣洁的去处，那里有他们熟悉的家常食品和清凉的白葡萄酒。

他们一家有时去那里吃晚饭，爸爸柔和地念着祝福词，大家都低头表示敬意，在胸前画着十字。她爱那些喜欢大吵大嚷的朋友们的家，只要去玩几次掷铁圈游戏，听一通粗鄙的笑话，她单纯的心灵就能得到足够的安慰。

然而，她最爱的还是自己整洁干净、阳光充足的家，那是世界上任何一处住所，甚至是豪华的宫殿都无法比拟的。但尽管如此，安娜还是精心地做着行装的整理工作，而且这一次的整理规模比以往任何一次都大。

1763 年 6 月 9 日，利奥波德带着全家第三次离开了萨尔茨堡，开始了他们新的演出旅行。利奥波德制定了一条去巴黎的路线，这条路线要途经欧洲所有的重要宫廷。这一年，小莫扎特年仅 7 岁，他的姐姐玛丽安妮 12 岁。

这次出行，利奥波德还是选择了马车。但不知是他们一家带的东西比以前更充足了还是因为多年的战争把道路给破坏了，他们的马车走了还不到一天，就在瓦塞尔堡附近翻了车。

幸运的是，利奥波德全家一个人也没有受伤。在修马车的当天，他们只好在那种令人望而生畏的、肮脏透顶的乡村小旅店里住下了。尽管他们知道店主根本不管旅店的卫生，只是昧着良心赚钱，但他们还是必须先休息一下。

当天夜里，旅店里的跳蚤、臭虫、老鼠猖獗，残渣剩饭的异味充斥着旅店的每一个空间，空气中还夹杂着阴沟里泛上来的秽臭。莫扎特一家就这样和衣躺到了天亮。

马车修好了，他们又从瓦塞尔堡来到了慕尼黑。为了补充旅途的费用，利奥波德让孩子们首先在慕尼黑为选帝侯表演了一场。可这位吝啬的大人拖了很多天才给了利奥波德一家很少的钱，这让利奥波德先生苦恼极了。

接着，他们一家又来到了奥格斯堡，他们在那里足足待了两个星期，因为那里有莫扎特家的亲戚。比莫扎特小 3 岁的堂妹玛丽亚·安娜·泰克拉·莫扎特和她的小哥哥小姐姐一起度过了两个星期愉快的生活。

利奥波德对这样地浪费时间深感痛惜。他们的下一站是路德维希堡。在这个城市，利奥波德第一次感到受了奇耻大辱，原因是他们没有被邀请去当地的夏宫谒见。

利奥波德把这归罪于路德维希堡的维滕贝格公爵的乐队指挥，意大利人约梅利的影响。这反而使他落个迁怒于人的名声，因为约梅利是个很有造诣的音乐家，而且他的地位相当高，根本不会把自己的人格降到忌妒一个孩子的地步。

约梅利事件只说明了外界对利奥波德和他的儿女的评价并不像他自己认为的那么高。

几个星期之后，他们来到了选帝侯巴勒登·卡尔·特奥多尔的夏宫所在地施韦特青根。特奥多尔在他的永久首都曼海姆拥有一个管弦乐队。这个乐队是欧洲顶尖的乐队之一，当时正在夏宫进行演出。

这使莫扎特有生以来第一次听到了管弦乐，而正是这一次的演出，对莫扎特那音乐细胞特别敏感的大脑产生的影响是无法估量的。随后，莫扎特姐弟也在夏宫作了演出。演出以后，乐队中的一位长笛演奏者文德林后来成为莫扎特的终身好友。

这次的夏宫演出，对莫扎特一家都留下了深刻的印象。利奥波德在谈到这个管弦乐队时说："无可争议，它是德国最出色的乐队。队员们全都是品行端正的小伙子，不酗酒、不赌博，也毫不粗笨；他们的行为和他们的才能一样叫人佩服。"

利奥波德的话不啻讽刺了其他地方乐队的种种恶习，同时也讽刺了当时的社会习俗。

他们的下一站是海德尔堡。在那里，姐弟俩还没有到，人们在城里的大街小巷就贴满了"7 岁神童将进行精彩绝伦表演"的海报。当他们到达时，成千上万的人都赶来聆听神童的演奏，每条街上都聚满了热情的听众。

莫扎特无法从住所走到教堂去参加演出，城市的当局不得不临时挑选出十几个彪形大汉为莫扎特开路，而这样一来更增添了神童的神秘色彩。当演出结束时，人们热烈的掌声使莫扎特一次次地加演节目。最后，莫扎特没有办法，只好躲进了教堂。

在教堂里，莫扎特突然发现有一样东西深深地吸引了他。这肯定是一种乐器，这种乐器有 30000 多根管子，最大的管子竟长达 10 多米。乐器的边上有 20 多个身强力壮的小伙子在操纵风箱，可见其音量之大。它的声音高低是以增减管数来调节的。

教士告诉莫扎特说："这是键盘气鸣乐器，被人们称作乐器之王的管风琴。"

抱着一种新奇和对音乐的热爱，莫扎特开始弹奏起管风琴来。虽说这乐器他是第一次见到，但他对那键盘却似乎本来就很熟悉。当莫扎特在管风琴上弹出悦耳的音乐时，由于它那巨大的音量，竟使教堂旁边的人们都听到了这美妙的乐声。

它的声音近似木管、铜管、弦乐乃至钟声的混合音响。人们惊呼：那个 7 岁小男孩弹的管风琴比本地大教堂的乐师都弹得好。教民们纷纷举起右手，在胸前画起了"十"字，口中还喃喃地说道："阿门！”大家还硬要主教们把这小神童留在海德尔堡。

对于莫扎特来说，这一次的管风琴演奏，竟使他从此爱上了这种乐器之王。此后不管他到哪个城镇，只要听说有管风琴，他总要千方百计地去摸一摸，弹一曲。

离开海德尔堡，他们来到了美因茨。当他们到达时，刚好当地的选帝侯病了，他们只好公开举行音乐会，然后再去法兰克福。

通过在海德尔堡人们的夹道欢迎，利奥波德似乎认识了海报的重要性，于是，他苦思冥想，在到达法兰克福前，又在当地报上刊登了一则他拟定的广告，以招徕大众注意即将来到的这位小神童大天才。广告上这样写道：

萨尔茨堡宫廷乐队指挥利奥波德·莫扎特先生之男女公子于本地献演中才艺惊人，俾听者莫不击掌称绝，交口赞誉，至原定仅公演一场之音乐会似非再三而莫可称快者云。

盖以众誉以所归，并承诸多资隆望重鉴赏家之所望，次场演出今夜将于利贝弗劳恩山麓之沙尔费肯大厅举行。

12 岁女童将演奏难度极大之曲目，该轮曲目皆为若干并世无伦之音乐大师所制；而未及 7 龄之男童将弹奏钢琴及羽管键琴，并以小提琴献演协奏曲一首。嗣后，以一布覆钢琴之键盘而伴奏交响乐，其自如从容与未覆布者无二；好事者或可于远处以钢琴或其任择之乐器出以任何音符，无论单音、和弦，该童即可应口报其音名；该童亦可远距离分辨玻璃杯、铃铎及钟表之音响。

殿后之节目将听观众所命之调性与演奏时间，以羽管键琴及管风琴即兴演奏，可证此二琴虽迥然相异，所去是远，然该童皆精于其道，堪称圆熟耳。

入场券于金狮剧院发售，每券价半塔勒。

也许是人们看在利奥波德是萨尔茨堡宫廷乐队指挥的分上，也许是人们看到广告上那个男童赋有的绝技，所以在德国法兰克福的演出，竟吸引了不少听众，很多人还尽量发动家中成员，不要错过了这一睹神童的良机。

在一次演出中，观众里坐着一位黑头发的英俊少年，显得感情很激动，他就是后来成为德国著名的诗人、剧作家和思想家的歌德。

这一年，歌德仅 14 岁，但他的天才已初露端倪。此时的他已经懂得了法语、意大利语、拉丁语和希腊语 4 种语言，可他还是入神地倾听这个戴着涂了粉的假发、身挂佩剑的“小魔术师”的演奏。

成年后的歌德常常回忆起少年莫扎特的演奏，他对别人说：“我当时看到了天才放出的光芒。”

不仅如此，歌德在晚年的时候也多次谈到莫扎特，他说：“莫扎特现象是 18 世纪永远无法理解的谜。”

在结束了法兰克福的演出之后，利奥波德一家继续前进，他们又经过了科布伦茨、波恩、科隆、埃克斯和布鲁塞尔等地。在这些城市，莫扎特那非凡的绝技和“轻松愉快的艺术手法”同样感动了贵族与市民们。但他们的最终目标却是法国巴黎。

巴黎行大获成功

利奥波德一家是坐船去巴黎的。由于遇到了大风浪，他们只得停驶了一个晚上。

在莱茵河之旅时，莫扎特总喜欢站在船头，突然，他发现前方有一大片水面比边上的水面低了很多，而且水流湍急。

莫扎特好奇地询问原因，船员告诉他，那就是有名的宾根之穴，是个巨大的宽阔无比的大旋涡，别说小船，就是再大的轮船，只要进入旋涡的范围，那就必沉无疑。他们的船顺利地绕过宾根之穴前行。

9 月 17 日，他们到达了哥布连兹，后又到亚亨去拜访了腓特烈大帝的妹妹雅玛莉公主。公主对莫扎特姐弟的演出称赞不已，还不停地吻莫扎特的脸颊。

但公主的亲吻是无法变成金币的，对于利奥波德来说，他们此时最需要的是钱。因为在这趟漫长的旅途中，他们所得到的一些零碎装饰品赏赐已经足够开一家商店了，但靠这些收入还不够付在巴黎旅馆和雇用马车的费用。

利奥波德愤怒地嘟囔道：“我总不能拿雅玛莉公主的亲吻去偿付这一切开销吧！”

在终日散发着臭气的马车里，经过近一个多月漫长的颠簸，利奥波德和家人终于在 1763 年 11 月来到了巴黎。

18 世纪的巴黎，是当时世界上最繁华的城市，也是欧洲政治文化的中心。在那里人才济济，思想活跃，文艺流派纷呈；还有富丽堂皇的宫殿、古朴典雅的教堂、风格各异的高大建筑、千姿百态的园林和五彩纷呈的花圃。

在纵横交错的巴黎街道上，车水马龙，川流不息，无尽的人流熙熙攘攘。

繁华喧闹的巴黎，对年幼的莫扎特来说如同一个万花筒，使他眼花缭乱。在他看来，奥地利帝国的首都维也纳与萨尔茨堡相比，显得那样光彩夺目，而维也纳同巴黎相比，却又好像是一个外省的城市了。

但尽管如此，事实上，巴黎的街道并不是想象中的那样美丽。街道上任何时候都是那样污浊不堪。在他们到来的11月，又正是寒冷多雨的季节，人们很少能在这个季节里看到阳光。

巴黎的街道都是用鹅卵石铺成的，一到雨季，街上简直一塌糊涂。有一定地位的人为了不沾上泥浆，出门就以马车代步。但马车在路上的频繁经过，则给步行的人们身上留下了更多溅起的泥浆。

为了让孩子们给巴黎人一个好印象，利奥波德一到巴黎，就作出一个与其经济收入不很相称的决定，他选择雇用3乘轿子以便抬着孩子们四处奔走。但他们以这样的方式出现在巴黎上层社会的权贵们面前，却使贵族们感到好笑。

利奥波德后来把珍藏着的德国权贵的推荐信拿了出来，并有巴伐利亚大使冯·艾克伯爵的热情相助，但巴黎的贵族们却始终没有理会利奥波德一家。

此时的巴黎和维也纳一样，一些大型的音乐活动也都控制在王宫和贵族的沙龙里。一个来自异乡的演出团队要想进入巴黎上流社会，就必须先和当地的贵族们建立好关系。

很快，利奥波德一家来到巴黎已经过去一个月了，他们的盘缠几乎要用完了。利奥波德每天早出晚归，不惜卑躬屈膝去叩一些达官贵人的大门，每一次都遭到了贵族们的白眼。

就在走投无路之际，利奥波德突然想起在法兰克福时曾有一位大商人的妻子给过他一封推荐信，让他到巴黎时可去拜见弗里德里希·

梅尔希奥·格林。

格林是一个从德国到巴黎来寻找出路的漂泊者，当时正担任着奥尔良公爵的秘书。凭借他的特殊身份可以自由地出入各个侯门爵府。他谈锋雄健、敏捷机智，被公认为巴黎首屈一指的音乐欣赏家。有了他的引荐，利奥波德一家的生活有了转机。

一天晚上，利奥波德从外面回到住地，一脚门里，一脚门外地喊道："沃尔夫冈、玛丽安妮，你们听着，好消息，从明天起，我们可以搬到宫廷旅店了。"

孩子们惊喜万分，母亲安娜乐得差不多忘了给大家准备晚餐，立即着手收拾东西。

这位帮助利奥波德一家的格林先生后来成了大名鼎鼎的帝国男爵、大使、百科全书派的一员，法国百科全书编撰者狄德罗的密友。他同欧洲半数的君王通信，后来辑成卷帙浩繁的《文艺通信》。

他之所以会好心地帮助利奥波德，也许有以下几个主要的原因：

其一，他是一个德国人，而利奥波德一家来自奥地利，奥地利和德国是近邻，或者可以说是一家子，这从经历和国籍上使格林的帮助有了进一层的因素。

其二，当时法国正处于大革命的前夜，资产阶级的启蒙运动十分活跃，他们经常激烈地论战，提出要向平民靠拢。格林的帮助如果不是出于这一点考虑的话，那么也在考虑大革命的非常时期中应该为自己多留些后路。

其三，他本身是个对音乐有独到见解的欣赏家，对面前的音乐神童是知道其真正的价值所在的。

其四，就是当时乐坛上法国派的领袖人物朔贝特与格林是冤家对头，格林可以借助莫扎特的天赋来打击朔贝特。

正是由于上述几个原因，所以，当利奥波德用大商人妻子的推荐信作为拜见的理由时，格林一口同意了他们的请求，并将他们安排到宫廷旅店住宿。

宫廷旅馆的居住条件是莫扎特和姐姐以前连听都没有听说过的豪华：盥洗室里的自来水既可以放出冷水也可放出热水；厕所的坐便器是陶瓷做的，一抽水脏污就都没有了；厕所里整天都喷洒着香水，清新宜人。

在莫扎特看来，厕所里法国香水的味道比他以往见到的任何一个房间都要香，他甚至想吃饭睡觉都待在厕所里。当然，他这样的想法只会招致父亲的一顿训斥。

利奥波德一家安顿好后，格林先生不久就出面主办了莫扎特姐弟俩的公开音乐会。音乐会在孔蒂公爵夫人的沙龙里演出，全城的社会名流都云集在此。公爵府灯火辉煌，热闹非凡。一些华服丽妆、珠光宝气的公主贵妇和一些骄矜傲慢、气宇轩昂的王公爵爷，相互寒暄着步入音乐厅。

那天，两个小演奏家的扮相也格外引人注目。莫扎特和姐姐都穿着维也纳皇家赐给他们的宫廷服装，衣服上的饰品在灯光下熠熠闪光。

莫扎特的头上还戴着散发出扑鼻异香的假发，远远看去颇像一个大头小身的狮子，有点滑稽。

演奏会开始了，利奥波德父子各就各位。他们先是演奏一首意大利名曲。父子三人泰然自若，但却掩饰不住内心的紧张，生怕在这些贵族面前稍有差错。

他们知道，这次的演出决定着他们能否在巴黎一鸣惊人。但事与愿违，他们的演奏似乎并不为这里的“上帝”们所赏识，三重奏的优美旋律，被淹没在一片喧哗声中。

莫扎特年龄虽小，却个性很强。他敏感、自尊，不论是什么人若是不尊重他的演奏，他都会立即停下来令人难堪。

此时面对观众席里传来的喧哗声，他已忍无可忍。他愤怒地在心

中说：“乐盲，乐盲，简直是一群乐盲！”

三重奏之后，下面该是他的独奏。在演奏前，莫扎特小声地自言自语说：“哼！浅薄的巴黎人，妄自尊大的巴黎人。好，看我来治治你们！”

他站在羽管键琴的键盘前，屏住呼吸，用力地、连续不断地敲打着琴键，弹出一连串的最强音。这一招倒真有点像“西方音乐之父”德国著名音乐家巴赫当年用来对付那些勉强坐在乐堂里昏昏欲睡者的情形。

可坐在一旁的利奥波德，却为儿子的这一举动深感不安。然而，这一招果真奏效。一些人停止了嬉笑，全场寂然。这时小莫扎特注意到一位端庄美丽的贵妇人，凝神谛听着，细腻委婉的旋律令她心醉神迷。

音乐是心之声，它是交流、沟通情感的艺术。听众的神态，自然会直接影响演奏者的情绪。顿时，莫扎特感到在这里他又一次地找到了知音。于是，他弹得越发投入，越发信心十足，而且越弹越美妙。

最后，他弹奏了一首自己的作品。他弹出的回旋曲如行云流水，和谐悦耳，扣人心弦。多情的法国人善于附庸风雅，也最易动感情。台下所有的听众都被这无比美妙的乐曲吸引住了。

最后一个和弦刚落，乐堂里掌声雷动，响起了长时间的欢呼声。人们拥过来把莫扎特和羽管键琴团团围住。音乐会成功地拉下了序幕。

自这次轰动巴黎社交界的演出之后，莫扎特成了誉满全城的风云人物。人们赞美着、颂扬着，他们议论纷纷：“听说了吗？一个奥地利的孩子，让巴黎人开了眼界！”

“是啊！他的演奏，真是奇妙无比！”

“这可真是世上绝无仅有的音乐天才！”

随着各种夸奖、好评、盛赞不断升级，从巴黎城到凡尔赛宫，法国的贵官显宦的请柬雪片似的飞来。每一个贵妇人的沙龙都以能邀请到这一神童来演奏为荣。甚至国王路易十五及其王室成员在寻欢作乐之余，也想亲眼看看这位音乐神童，以一饱眼福。

在这种情况下，格林先生终于安排了莫扎特姐弟到当地宫廷里演出的时间。

进入凡尔赛宫献演

1763 年，在圣诞节前不久，利奥波德一家乘坐一辆豪华的马车，驶向巴黎的最高宫殿凡尔赛宫。

对于在维也纳王宫自由玩耍的莫扎特来说，原以为对王宫已经很熟悉了，但当他进入凡尔赛王宫时，却发现维也纳宫廷的生活原来是那样简陋。

宏伟壮丽的凡尔赛王宫，不仅有金碧辉煌的殿堂、栩栩如生的塑像，还有树木葱翠、百花争妍的花园，这些美丽的景象使他们目不暇接。这两个奥地利孩子以为自己走进了天堂，他们惊喜得几乎是异口同声地叫起来。

“多么宏伟壮观！”

“多么富丽堂皇！”

莫扎特和姐姐在蓬巴杜夫人那套正对花园、像天堂一样的房间里为她作了表演。莫扎特弹的是一架雕饰精美、漆工讲究的金边拨弦古钢琴。墙上挂着与真人一样大小的两幅画像，是蓬巴杜夫人和国王的。

莫扎特和姐姐还在其他的几个套间里为皇后和公主们弹奏。让姐弟俩没有想到的是，在这些公主面前，什么规矩和礼仪都是不存在的。她们可以在莫扎特演奏时随便地去亲吻演奏者，她们可以在房间里，甚至在走廊里，与莫扎特等人亲吻、打闹。而这样的行为丝毫不会受到宫廷的责难。

在圣诞节那天，莫扎特一家还有幸在宫廷教堂里听了晨祷，做了3 次弥撒。应该说，这是莫扎特对法国音乐的初次了解。然而他的音乐细胞却并未为之兴奋。

当时，巴黎音乐界的法国派和意大利派的互相攻击正在最激烈之际。利奥波德自然认为意大利派十全十美，不过也承认法国的合唱队很有水平。法国以自己的教会歌唱手和绝妙的管风琴家而自豪已经有几百年了，训练有素的交响乐队也是如此。

从17世纪作曲家吕利时起，这个管弦乐队就被认为是欧洲第一流的乐队，它在音乐会上演奏的不仅是法国作曲家新作的交响乐作品，而且也演奏其他一些国家著名作曲家的作品。这些演奏会始终吸引了广大的听众。

吕利是意大利人，后来在法国定居，充当宫廷乐师，他曾为法国古典主义代表作家莫里哀的喜剧配过乐曲，有“法国歌剧专制帝王”之称。莫扎特与吕利相距一个世纪之遥，但是后来的情况表明，莫扎特在这里所接触到的一切，其中自然也包括吕利的传统，都作为珍贵的滋养融汇到他日后的音乐创作之中。

在凡尔赛宫，他们感到最为荣幸的是觐见了法王路易十五和王后陛下。1764年的元旦，利奥波德一家被恩准亲眼观看路易十五和他的妻子儿女正式进餐的情景。

当然，国王并没有邀请他们一起进餐，只是在席间一位瑞士卫兵领他们走过一条通向皇家用膳大厅的过道。这条过道极其潮湿，寒冷得可怕。他们荣幸地站在椅子边上，像仆人似的看着这一大家人吃饭。

莫扎特站在王后身旁，王后不时从桌上拿点什么给他吃，并用德语对他讲话。

尽管他们没有资格与王室成员们同桌用膳，可是受到这样破格的接待也非同小可。利奥波德一家人感到幸福极了。

即兴创作奏鸣曲

莫扎特在巴黎的这段日子里，最大的收获是他无师自通地创作了两首奏鸣曲。谱写奏鸣曲的最初动机，或者说激起他创作灵感的是一位使他无法忘怀的巴黎女性。

在这里，除了在凡尔赛宫演出之外，莫扎特姐弟还登门为当地的一些贵族们演出。

一次，巴黎社交界有名的绝代佳人泰塞伯爵夫人特别邀请莫扎特到自己的府中为自己做即兴伴奏。这种伴奏指在事先毫无准备的情况下，临时根据演唱者的主旋律配以丰富的和声和音型，边创作，边用乐器伴奏。

泰塞伯爵夫人唱了一首意大利抒情歌曲，这是莫扎特从来没有听过的曲目，尽管乐曲复杂难度很高，但他很快找准了感觉，悟到了作品的思路。

凭着对歌曲的理解，对歌曲发展的想象，对歌手感情的观察，莫扎特准确流畅地为歌手伴奏。这使一群显赫的贵族听众惊叹不已。

人们专心致志地听着，几乎不是在听歌，而是在听伴奏。随着泰塞伯爵夫人歌声的起伏跌宕，钢琴发出了和谐的音响，就像一艘轮船在茫茫的海面上行驶，任它如何前进，波浪声总随着它的速度变幻着它的节奏、它的音量。

就这样，莫扎特成功地奏完了全曲。一曲完毕，全场立即被热烈的掌声掩盖。之后，莫扎特向泰塞伯爵夫人鞠了一躬，请求她再唱一遍，并继续给她伴奏。

这一次，莫扎特竟完全做到了旋律、和声俱全的伴奏曲！人们完全惊呆了，窒息了！连轻微的呼吸声都没有，客厅里一片寂静。琴声又响了起来，莫扎特又把那支歌曲反复弹奏了十多遍，每一遍都换一种变奏。一唱一弹，配合得那么默契。

泰塞伯爵夫人唱着唱着，陶醉在音乐的欢乐之中，莫扎特的伴奏使她心驰神荡，不能自制。“这真是奇迹，我亲爱的小天使！”她边说，边去拥抱小莫扎特。

在这之后的一次音乐会上，莫扎特听到了法国作曲家和羽管键琴演奏家丁·朔贝特的奏鸣曲演奏。几天之后美妙的旋律还环绕在他的脑海里。他决定效法朔贝特的曲式，谱写几首奏鸣曲送给带给他灵感的泰塞伯爵夫人。

一天，当他回到宫廷旅馆的时候，他坐上一把高高的椅子上，两条小腿在椅子前悬荡着，在桌子上玩起墨水和羽毛笔来。

利奥波德先生看到儿子在弄墨水，就给他系上了一条小围脖以防墨水沾在衣服上。

莫扎特先拿着羽毛笔欣赏起来，那是一支用天鹅翅膀外侧第二根羽管制成的笔，笔梢那长长的鹅毛洁白得真惹人喜爱。父亲还以为孩子是看中这羽毛笔呢，其实莫扎特在欣赏了羽毛笔后，就用墨水在纸上写了起来。

当天晚上，写好曲目的莫扎特来到父亲面前，神神秘秘地把一张纸片，塞到父亲手里，得意地说：“爸爸，我给你看一样东西！”

利奥波德接过纸片一看，发现这是两首由小提琴伴奏的钢琴奏鸣曲，看着，看着，他激动地惊叫：“孩子，这两首奏鸣曲是你写的？”

莫扎特微笑着点点头。

利奥波德怎么也不敢相信这是自己儿子的作品，他立即把儿子拉到钢琴旁说：“快，沃尔夫冈，快坐下来弹给我听听！”

莫扎特是一个听话的孩子，做什么事情都不愿意违背父亲的意思。他很快在琴前坐定，生怕打扰母亲的休息，小声地弹奏起自己的

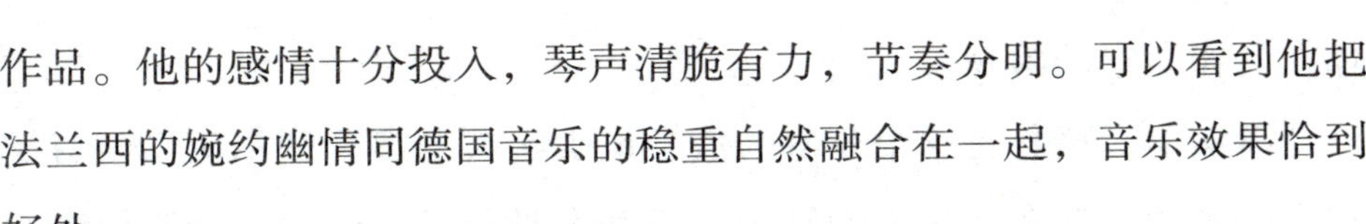

作品。他的感情十分投入，琴声清脆有力，节奏分明。可以看到他把法兰西的婉约幽情同德国音乐的稳重自然融合在一起，音乐效果恰到好处。

坐在他身旁的利奥波德欣赏着、品味着。他已无法抑制住自己的极度兴奋，向睡在隔壁的妻子安娜·玛丽亚感叹地说：“嘿！亲爱的，你听见了吗？是咱们的儿子沃尔夫冈自己写出的曲子，这真是很不错的奏鸣曲呢。”

他的声音有些发颤地自言自语：“上帝啊，这真是神力所助呀！”这是人们在无比激动的时候所发出的声音。

隔壁的安娜·玛丽亚并未入睡，外边发生的一切她都听见了。她心里明白，这哪里是什么神力所助！细心的她早就观察到这几天儿子的房间夜深了还有灯光，那是儿子在刻苦地创作啊！她在心里默默地说：“儿子的努力没有白费，他真的成功地写出了奏鸣曲。”

莫扎特创作出两首钢琴奏鸣曲的消息很快就传到了格林先生的耳朵，他和利奥波德商量后，决定把这两首奏鸣曲献给国王的女儿维克托瓦。还把莫扎特随即创作的乐曲《K. 8》和《K. 9》献给皇太子妃的女儿德·泰塞伯爵小姐。

这本来已是格林奉承国王的举动了，但他似乎还嫌不够热情，于是又写了一篇长长的献辞，寄给“法国的维克托瓦公主”。在格林的帮助下，小莫扎特的这几首作品很快就刊印出版了。

这些作品是莫扎特首次公之于世的作品。应当说莫扎特在来巴黎之前，不论是在慕尼黑还是在维也纳，不论是去皇宫还是在贵族沙龙，他能取悦于人主要靠的还是十个手指的功夫，即便那种隔着丝巾娴熟地弹奏难度极大的乐曲之类的惊人之举，充其量也不过是音乐游戏而已。

但现在的莫扎特已经不满足于此，他要向新的、更高的阶梯去攀登了。他作品的第一次出版，标志着他从一个卓越的演奏家，向一个伟大的作曲家的跨越。

事实上，莫扎特这个 8 岁的孩子也确实与刚离开萨尔茨堡时有了很大的不同，他在音乐上的知识已经基本具备了，他的演奏不仅老练了很多，而且他还成为一个超过同行的评论家。

一次，凡尔赛宫又有他的演出了，这当然吸引了很多权贵，但宫廷的乐师们也不肯放弃这个好机会，纷纷参加了演出。当莫扎特看到一位宫廷乐师时，他突然向乐师说：“先生，你的奶油小提琴怎么不带来?”

乐师不明白他的意思，说：“今天是看你的演出呀！但是你说的是什么话呢，什么叫作奶油小提琴呢?”

莫扎特回答说：“对的，你的小提琴声音太柔和了，就像奶油一样，而且，你的小提琴比正常的音阶低了 1/4 度。”

那个乐师当然不愿意莫扎特这样评价自己，他有些不服气地说：“我们几把小提琴的声音都调得差不多的，而且很准的。”

莫扎特不跟他争辩什么，而是随手拿起身边的小提琴，又让那位宫廷乐师取来自己的小提琴，他们俩亲自拉了一曲来作音阶的比较。结果证明，莫扎特说的低了 1/4 度一点也不错。

这件事让那个宫廷乐师对莫扎特佩服得五体投地。从此，莫扎特更受到了凡尔赛宫廷乐师们的尊重。

利奥波德一家在巴黎住了半年，到了这年 4 月，他们已经得到了一大批东西，也博取了不小的声望，争取到了很多对他们颇为爱慕的保护人。于是，带着对巴黎的美好印象，他们在 1764 年 4 月 10 日出发，取道加莱前往英国的首都伦敦。

伦敦的创作生涯

莫扎特一家在巴黎的成功，使他们的钱袋鼓了起来，为了使旅途的行进缩短，利奥波德在去伦敦的路上选择了海路。利奥波德在法国北部面临多湖海峡的港口加莱和几个前去英国的客人一起包租了一艘轮船出发了。

坐在轮船上，那噼啪作响的海浪，对莫扎特来说，真好比是一首动听的交响曲。听着这迷人的节奏，莫扎特情不自禁地取来小提琴想要和海浪声合奏一曲。乐曲响起来了，船上爱唱歌和爱跳舞的船员们都随着莫扎特的琴声欢乐地唱了起来，跳了起来。

在船舱里，不知是哪位船员带来了一只可爱的黑色小猴子，它看到莫扎特在人群中忘情地拉动小提琴，便学着莫扎特的样子，找来了一块木板抵住了下巴，右边的爪子拿着一根小木棒，模仿着拉小提琴的动作。

大家看见这种情形，高兴地哈哈大笑。一个船员说："看来是莫扎特的演奏把小猴子的心也征服了，我看它是想拜莫扎特为师呢！如果真能那样，那我们以后就可以每天都开音乐会了！"

船员的话又引起了人们一阵欢笑。大家都把目光转向了正在认真拉小提琴的莫扎特，他们真的从心底里佩服这个音乐神童。

在船上，利奥波德规定两个孩子开始写日记，而且到哪个国家，就最好要用哪个国家的语言来写。

由于莫扎特姐弟俩的语言接受能力很强，他们在这几年演出中接触了各种地方语的音乐爱好者，基本上已经懂得了德语、法语和英语，所以父亲对他们的这个要求其实也是一种使他们继续提高的方法。

几天后，轮船就在伦敦海峡靠岸了，还像以前一样，利奥波德把全家安顿在索赫区弗里思街的一位威廉森先生家里后，就带着各种各样的推荐信在这个城市奔走起来。

由于在巴黎的成功，又有格林先生的帮忙，再借助各种的推荐信，这些方法在伦敦一下子见效了，他们很快就接到了于4月27日去王宫圣·詹姆士宫演奏的邀请。

这天，他们被接进王宫为英王乔治三世陛下和王后演出。

原来，英国国王乔治三世最初想娶萨拉·伦诺克斯小姐作为王后的，因为这位小姐是公认的如花似玉的美人。然而宫廷中方方面面的压力还是使他的这一欲望遭到了破灭。接着，他又同德国梅克伦堡的公主夏洛特恋爱成功了，于是，夏洛特便成了英国王后。

夏洛特具有日耳曼人的血统，这样一来，莫扎特一家又再一次置身于亲切、朴实的德国家庭气氛中了。

圣·詹姆士宫在礼节规矩上比舍恩博隆宫更为随便。国王乔治和王后夏洛特相处得非常融洽，因为他们都喜欢过简朴的生活，典型的例子是他们的住宅，像伦敦所有的贵族住宅一样管理得井井有条，比法国最整洁的房子还干净得多。

那种较小型的楼房，每个层面都是前面有两个房间，后面有一个厕所。据说，此后伦敦的所有住房几乎都是照此格式建造的。

莫扎特一家到达王宫后，乔治三世和夏洛特待孩子们非常真诚热情。他们先安排孩子在房间里聊聊天，问问爱好和这几年来的演出情况，然后就让莫扎特姐弟来到钢琴边，听孩子们弹奏。

莫扎特姐弟首先演奏了自己的保留节目，之后，英王陛下特地让莫扎特弹奏了几首本国音乐家巴赫的乐曲。

巴赫是素有“欧洲音乐之父”之称的约翰·塞巴斯梯安·巴赫之子约翰·克里斯梯安·巴赫，此时他已在英国定居，并成为伦敦音

乐界的头面人物。

在这之前，他早以交响乐、歌剧和古钢琴著名作曲家的资格蜚声于意大利以及欧洲一些国家的乐坛。他的作品虽承袭了父亲巴赫的传统，但是在他的奏鸣曲和协奏曲中所洋溢着的那种温柔、甜美的情调，又是老巴赫的作品中所不具有的。他以自己独特的风格征服了欧洲。

莫扎特首次弹奏这一乐坛巨子的作品，而且又是在王族面前，利奥波德不禁在一旁为儿子捏了一把汗。在这里就座的除了王室成员，还有一些在宫廷乐队任职的音乐行家们，如果弹奏得稍有差池，是难逃观众耳朵的。因此，可以说，父亲的担心也不是没有道理的。

莫扎特坐在琴前，全神贯注地一口气奏下来。他对音乐内涵的把握，以及对作品风格的体现，使在场的一些音乐行家们无不交口称奇。

国王陛下也为他成功的演奏而鼓掌祝贺。当莫扎特弹完最后一曲，那声音还在空中回荡时，乔治三世已按捺不住他对莫扎特的喜爱之情，站起身来轻轻地抚摸着莫扎特那金黄色的鬈发。

然而，这时的王后却兴致正浓，她提出让莫扎特伴奏，让自己亮一亮歌喉。

这对莫扎特来说简直是小菜一碟。由于莫扎特不时地在主旋律弹完之后即兴弹些装饰音和协奏，所以为王后的演唱增色不少。

由于莫扎特出色的伴奏，也引起了在场演员的兴趣，有一位演员也提出要莫扎特为他伴奏。莫扎特别出心裁，提出要用横笛伴奏。那位演员在横笛的伴奏下，唱完了一曲别有韵味的独唱。

其实，在一段时期的旅行演出中，莫扎特看到感兴趣的乐器，早在摸索着学习了。由于他对键盘乐器和弦乐器很熟悉，又有很好的理论基础知识，所以他可以说拿上什么乐器只要拨弄几下就可以成曲了。

当莫扎特为演员伴奏完毕以后，又看到演员的谱架上有一部亨德尔作品的低音曲谱，他就拿过来以这曲谱为基础，自由发挥弹出了一个极其美妙的旋律。这使国王和王后及听到的人都发出了啧啧的称赞声，国王和王后更喜欢这个孩子了。

父亲利奥波德看到儿子比刚离开萨尔茨堡时的功夫强过了百倍，由衷地感到欣喜。

由于孩子们的出色表演，临行时，利奥波德从王后那里得到了24个金币。

5 月 1 日，是英国五朔节到来的日子，莫扎特一家听说这是刚刚恢复的一个英国人的传统节日，就从繁忙的演出中抽出时间，来到大街上观看人们欢庆节日的情景。

当他们正经过圣·詹姆士公园时，国王和王后坐车经过他们身边。虽然他们全家都换了衣服，国王和王后还认得莫扎特一家，并向他们致意。

尤其是那个可爱的英国国王，他居然屈尊从车厢探出头来微笑着向莫扎特一家挥手、点头，并特别地向莫扎特问好。

一旁的利奥波德喜出望外地对妻子安娜·玛丽亚说："天啦，这是真的吗？国王竟还能认出我们！"

安娜·玛丽亚接着说："英王能这样礼贤下士地对待我们，这可是连做梦都想不到的呀！"

顿时，两个孩子也感到得意忘形。姐姐玛丽安妮竟忘了是在一群陌生人的面前，搂着弟弟便亲吻起来。

为了感谢国王对莫扎特一家的赞誉，同时也为了在英国打开更大的局面，利奥波德准备在 6 月 5 日国王生日的时候举行一次义演音乐会。但既然是音乐会，就必须雇用英国乐队，利奥波德被这笔花销吓了一跳。不过，经过他再三算计了一番之后，他还是决定要请乐队。

事实证明，这次义演音乐会是举办得合算的。这不但更赢得了国王和王后的信赖，而且使更多的权贵争相向莫扎特一家发出了邀请。更值得庆幸的是，莫扎特在义演中正式与约翰·克里斯梯安·巴赫相识。

整天四处奔走和频繁的演出，使利奥波德终于因严重的扁桃体脓肿而病倒了，演出也只能暂告停止。利奥波德生病后就住到了伦敦郊外治疗，莫扎特便住进了巴赫的豪华公馆。

巴赫当时担任夏洛特王后的音乐老师。王后对来自父王国土的音乐家总要高看一眼，巴赫的待遇自然也是非常优厚的。

莫扎特住进巴赫公馆以后，每天与他朝夕相处，无比亲密。巴赫学识深广，为人大度善良。这位比莫扎特年长 21 岁的著名作曲家，有时把自己的作曲拿给莫扎特弹奏，有时竟把这个男孩放在自己的膝盖上，与他一起弹奏亨德尔的难度极高的钢琴曲。两个人面对曲谱，你弹一段，他弹一段，就像同一双手弹奏似的，两人都沉浸在美妙的乐曲声中。

应当说莫扎特在来伦敦之前，向他直接传艺授业的第一位老师是父亲利奥波德，可是在伦敦他得天独厚地亲聆了巴赫的指教，这使他受益良多。

莫扎特非凡的音乐天才和勤奋好学的品格，深受巴赫的喜爱，他愿意把自己的一切知识都传授给他。

在巴赫的指导下，这期间，8 岁的莫扎特创作了多首乐曲。与巴赫在一起度过的这段美好时光，令他终生难忘。

这一时期，作曲在莫扎特的生活中逐渐地占据越来越重要的地位，他把更多的时间用在创作上。由于已获得一些管弦乐知识，他又写了3部交响曲。他还写了许多钢琴和小提琴奏鸣曲，逐渐达到43首作品。

在乔治三世登基四周年的时候，莫扎特把作品中的一组献给了夏洛特王后。王后非常高兴，她特地赐给了莫扎特50个金币，算是对莫扎特自然纯真的礼品的回报。

1764年11月24日，莫扎特还有幸听到了真正出色的演唱会。

那是意大利歌剧团在伦敦的首场公演，莫扎特被剧场的热烈气氛和演员乔万尼·曼佐利的演唱所感动。

乔万尼·曼佐利是个男唱女声的著名歌唱家，他的演唱使伦敦为之倾倒。而这位演员看到莫扎特这个小神童，也真是很喜欢。他特意为莫扎特安排了几次歌唱法的课程，把一些音乐知识和乐曲的规律及演唱技巧都点滴不漏地讲给莫扎特听。这使莫扎特受到了很大的启发，并对日后莫扎特的音乐创作有很大的帮助。

应该说，巴黎是莫扎特作曲的起点，而伦敦却使他获得了更为丰富的作曲知识，大大提高了创作才能，拓宽了他的视野，使他在作曲的道路上又有了新的飞越。

利奥波德的扁桃体脓肿痊愈以后，他们搬到了切尔西的郊区。爸爸疗养、恢复健康期间他们就住在那里，莫扎特则继续作曲。他们回城举行了几次募捐音乐会，地点是一家简陋的咖啡馆。利奥波德到处宣传莫扎特是“大自然的奇迹”，想以此来吸引观众。

显然，利奥波德既不了解、也无从了解：即使是真正的天才也会被廉价的危言耸听所淹没的。

不久，人们对于这个“大自然的奇迹”产生了一些怀疑。一位名叫戴恩斯·巴林顿的饱学之士认为从萨尔茨堡来的这一家人肯定是惯

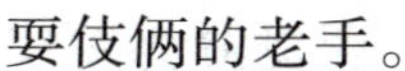

要伎俩的老手。

他觉得，莫扎特的父亲是宫廷乐团的指挥、作曲，莫扎特作的曲难道不可以是父亲所为吗？就算即使莫扎特能写出那几首交响曲，但他肯定是个外貌低于他年龄的养不大的孩子。就是说，他怀疑莫扎特可能已是个年龄不小的孩子了。

为了寻找事实的真相，巴林顿不厌其烦，给萨尔茨堡牧师利奥波德·兰普雷希特写了一封信，要求这个曾给莫扎特做过洗礼的人查证一下教区登记簿上的出生日期。

在证实了莫扎特的年龄并无虚妄之后，巴林顿又悄悄来到旅馆，想要亲眼见识一下这个神秘的孩子。

巴林顿对莫扎特进行了严格的音乐测验，他问莫扎特什么叫弥撒曲，什么是小夜曲、小步舞曲、交响曲和奏鸣曲。当问到前面几个问题时，莫扎特还漫不经心地随口应答几句；当问到后面的问题时，莫扎特只笑了笑说，你去看看我前几天给王后的献礼吧，那也许是最好的回答。

巴林顿看没能难倒莫扎特，就要莫扎特弹几首他自己临时拼凑起来的所谓的乐曲。

莫扎特坐在钢琴前弹奏起来。但过了片刻，巴林顿说还是弹这首曲子，但要改成用愤怒的感情来表现。莫扎特仍然不费吹灰之力就办到了。

后来，当莫扎特继续为巴林顿演奏时，莫扎特忽然看见心爱的小猫走了进来，他就立刻离开了羽管键琴，去玩猫了。巴林顿等了很久也没办法把莫扎特叫回来。

在这时，巴林顿终于明白莫扎特虽然是个天才，但他毕竟还是个贪玩的孩子，他对于莫扎特真实年龄的猜疑也就烟消云散了。事后，巴林顿专门在伦敦《皇家学会哲学年刊》上发表了长长的一篇文章，汇报了这次调查的前前后后的经过及结论。

利奥波德在伦敦待了一年多。在这个城市待久了，利奥波德发现伦敦这个地方对孩子来说是个很危险的城市，因为这里的人大多数不信教，宗教问题上更是没法说。

其实，莫扎特在街上并不在意这些“坏榜样”，他更关心的倒是这个城市街上那种“像椅子似的会移动的东西”。莫扎特嘴里说的东西其实就是英式的轿子。自从见了这种轿子后，莫扎特上街时总对父亲说腿酸，走不动了，要坐轿子。

利奥波德没有办法，只好让孩子坐轿子。但如果自己也陪着坐，那花费就太大了，所以他总是对儿子说，自己在轿子里面腿伸不直，他还是希望能走走。

于是，孩子们在轿子上，利奥波德在后面跟着。然而他走路的速度绝对不能与轿夫相比，于是他慢慢地被抛下了。他拼命想赶上去，这样出了一身大汗，又着了凉，回到旅馆就感冒病倒了。

在伦敦市里花费太大了，空气也不很好，于是利奥波德在募捐音乐会结束后，又去切尔西郊区休养了一段时间。

在离开伦敦之前，利奥波德把莫扎特创作的一首圣歌《上帝是我们的庇护者》赠给了大英博物馆，并收到了一封表示谢意的正式公函。公函内容如下：

先生：

奉大英博物馆常任理事会之命，我谨通知您：

您在最近为您聪颖的儿子举行的音乐演出后赠送的礼物已经收讫，并为此代表他们向您致以谢意。

大英博物馆
秘书 M. 玛丽
1765 年 7 月 19 日

大英博物馆的这封感谢信使利奥波德兴奋了很久，因为这无疑又是他的一种骄傲的资本。

更可观的是，随着这封信，大英博物馆还寄来了一小笔钱币，这使利奥波德喜出望外。

利奥波德一家在切尔西乡下的时候，莫扎特和姐姐只是偶尔有些演出，其余的时间则更潜心研究乐器的演奏技巧。

聪明的莫扎特这时还发明了一种新的钢琴曲。本来莫扎特姐弟合奏时通常是用两台钢琴的，有时则是用有两层键盘的乐器，但莫扎特却写了只用一层键盘，但却是两个人同时演奏的乐谱，他们还兴奋地让病中的父亲听了他们的演奏。

父亲听完后说两个孩子的发明实在让人惊讶。

利奥波德到伦敦乡下养病，还有一个理由，那就是他感到自己在家乡大主教那里的地位日益不稳，他不甘心回家去再过那种默默无闻的生活。他必须找出些理由，以便推迟回家。

这时，驻伦敦的荷兰大使受奥兰治亲王的妹妹冯·魏尔贝格公主的委托，邀请莫扎特前去表演。于是，当利奥波德养好病后，一家人于 1765 年 9 月乘船向荷兰海牙进发。

重病产生的奇迹

利奥波德到海牙的真正目的本来是想拖些时间再回到大主教那里去的，谁知，他这一拖居然拖出祸来。

也许是过分劳累的原因，突然的休息，使他们身体一下子不能适应，莫扎特姐弟俩先后都生了重病。先是姐姐玛丽安妮得了传染病，发烧烧得非常厉害。她连续几天卧床不起，昏昏沉沉地说着胡话，人们都以为没救了。

医生诊断为急性肺炎，采用各种方法对她进行急救。在她清醒的时刻，爸爸还把死去的幸福和活着的邪恶讲给她听。等她逐渐好转、开始期待漫长而美好的生活时，弟弟莫扎特又染上了高热，这回轮到他卧病在床了。

这是莫扎特第二次得重病，而他的这两次生病都可以归咎于过量的脑力劳动和他父母对于基本卫生常识的一无所知。因为无论哪个孩子也经不起负担如此沉重、刺激如此强烈的生活。

在当时，人们明显还不知道如何注意饮食、加强锻炼。刚刚懂事的莫扎特正在长身体的时候，却被拖着在最艰苦的旅途中摸爬滚打。事实上，漫长的旅途根本无法保证他们最起码的卫生条件。

而他们的父母除了不注意卫生知识外，还不懂得营养和锻炼：饱的时候山珍海味能把肚子撑破，饿的时候又会把胃的两壁都粘住。正因为如此，莫扎特那缺乏多种维生素的身材羸弱纤细，而脑袋却异常大。

但作为父亲的利奥波德对此却毫不在意。当莫扎特第一次生病的时候，为了能够使演出轰动海牙，利奥波德仍要求儿子拼命地练习、

演出。

在高烧中昏迷了8天，莫扎特那脆弱的身体一直在死亡线上挣扎着。即使在病中，他还像父亲所希望的那样拼命地干。

他曾要了一支笔和五线谱，几次软绵绵地躺倒在床上，坚持写下了几首奏鸣曲，并要父母把他抱到钢琴前，让他能摸一摸钢琴，弹一弹钢琴。或许是钢琴那清脆的和声，才能唤起他生命中的活力。

在此期间，父亲还虔诚地写信到萨尔茨堡家乡，要三座教堂为自己的孩子们做了6次弥撒。不知道是钢琴的神奇力量，还是那6次弥撒确有回天之力，莫扎特居然能像小孩子学步一样，在父母的搀扶下，慢慢地下地行走了。

当莫扎特的身体恢复了一点，父亲利奥波德先生就又张罗着儿子的演出。那是在海牙举行的一次盛大的公开音乐会，在乐队的伴奏下，莫扎特和姐姐演奏了多首世界名曲。

莫扎特身穿华丽的礼服，脸色苍白。最后，他在与姐姐一起演奏一首奏鸣曲时，他满身虚汗，用力弹出了最后一个和弦，勉强地支撑着与姐姐一起在雷鸣般的掌声中多次谢幕。

突然，莫扎特身子前倾，跌倒在舞台上。全场观众哗然，帷幕立即降下。莫扎特再一次地病倒了。他被匆匆抬回旅馆，一连数天昏迷不醒，呼吸困难，连医生也认为无可挽救了。全家人都陷入极度的悲痛之中，母亲甚至号啕大哭起来。

利奥波德肝肠寸断，老泪横流，拖着沉重的双腿，绝望地向教堂走去。然而，顽强的生命力终于使莫扎特从死神的手中再次挣脱出来。几天之后，重病初愈的他又端端正正地坐在羽管键琴前，兴致勃勃地弹起了他自己不久前创作的几首奏鸣曲。

看着再次活过来的孩子，父亲利奥波德长长地松了口气，悄悄地站在儿子身后，无限欣慰地拉着小提琴，为儿子伴奏。

一场大病对莫扎特来说是一大灾难，但也出现了一个奇迹。也许病中的孩子这时有机会思考一些平时无暇思考的问题，总结一下平时无暇总结的经验，这使莫扎特的音乐知识有了巨大的飞跃。

这时的利奥波德发现自己再也没有什么可以教给儿子了，因为儿子的创作能力已经完全超越了他，他以后的责任只能是帮助儿子抓住学习机会，接受各个大师级别的人物的教诲与磨炼，积累更多的知识。

他们在荷兰待了几个月，并在这里度过了圣诞节，在1766年晚春的时候，他们又踏上了新的旅途。

这一次，他们重新去了法国巴黎。利奥波德觉得他们离开巴黎一段时间以后，公众可能对他们更感兴趣，给更多的钱，因此他怎么也抵御不住再回去捞一把的欲望。

但这一次他们的停留非常短暂。人们还是照常欢呼着迎接他们，他们也高高兴兴地拜访了从前的老朋友，尤其是格林。格林非常热情地接待了他们。他此时有了一位情妇，就是法国最优秀的诗人伏尔泰的密友、楚楚动人的德·埃皮纳夫人。埃皮纳夫人的回忆录生动地记录了她与莫扎特一家相见的情景。

由于她与伏尔泰的特殊关系，当利奥波德对她说他有可能和全家取道从瑞士回家乡时，埃皮纳夫人就写信给伏尔泰，让伏尔泰准备好欢迎两个神童。

当时的伏尔泰在瑞士的日内瓦过着漫长的流亡生活。遗憾的是，当利奥波德一家9月到达日内瓦时，伏尔泰却恰好不在那里了。

为此，伏尔泰给德·埃皮纳夫人写信时，解释说：

你的神童沃尔夫冈，到这个嘈杂之地来传播音乐，时机可是选得糟透了。

你知道我的住处离日内瓦有两里格之遥，我又足不出户，这个神童突然降临在日内瓦黑暗的地平线上时，我却卧

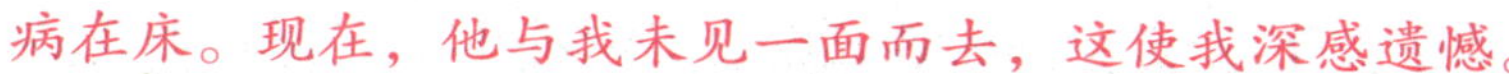
病在床。现在，他与我未见一面而去，这使我深感遗憾。

伏尔泰这样告诉着自己的遗憾，但年幼的莫扎特并不知道自己错过了怎样的机会。

在德国、法国、英国、荷兰的漫长3年旅程中，利奥波德先生的经济状况比刚离开家时好不了多少，这也是他经常谈到的话题。但为了在一路上显得体面光鲜，他还是花了一笔巨款，置办了华丽的服饰、住第一流的旅馆、雇聪明伶俐的仆人，以及举办各种音乐会等。

不过，他们总归是要回家的。虽然利奥波德一次又一次地推迟回家的日期，但他们最终在1766年9月经过瑞士折回回家的路。

11月15日，莫扎特一家踏进了慕尼黑市区。选帝侯马克西米利安想知道相隔三年后的莫扎特到底又变成怎样的孩子了，所以致函相邀。莫扎特一家在选帝侯家进餐时，选帝侯故意很随便地哼了几小节旋律，而且他知道这时的莫扎特正在与新朋友聊天呢，选帝侯然后对莫扎特说："你能马上用我刚才哼的旋律谱成一曲吗？"

莫扎特停止了聊天，微笑着对选帝侯说："那就让我试试吧，尊敬的殿下。"

随即，他用侍从拿来的纸笔在一边谱写起乐曲来，只转眼工夫，莫扎特已经把乐曲写成。

选帝侯接过乐谱，仔细地看了看，然后转身对一旁的利奥波德说："你以这个孩子为傲是完全理所应当的！"

然后，选帝侯要侍从把他所钟爱的一些陶艺品拿出来，对莫扎特说："这些陶艺品是东方的友人送给我的，我很喜欢，今天我很高兴，请你挑一个留作纪念吧！"

从这以后，利奥波德珍藏的值得骄傲的赏赐中就又多了一份东方的瑰宝。

回到了阔别3年多的萨尔茨堡。全家对回来感到高兴的只有妈妈一个人。两个孩子已经完全习惯于漂泊不定的生活，家的概念在他们头脑中只剩下了家里的宠物，也就是哈巴狗、猫和金丝雀。他们最高兴的就是又可以见到这些可爱的小动物。

而利奥波德则带着既要保持一个永久性的职位、又希望在雇主面前炫耀儿女的名望的想法，穿上一件暗灰色的外衣，到主教邸宅报到去了。

到了大主教的宫廷，利奥波德发现自己虽然没有被解雇，但他的薪水却早已停发，他只有在萨尔茨堡继续为西吉斯蒙德主教做实际的工作才能继续领取报酬。利奥波德怏怏不安地回到了粮食街 9 号的公寓里，开始考虑儿子事业中的下一个阶段计划。

从 1766 年至 1767 年，莫扎特在萨尔茨堡度过了一年左右时间，家乡宁静的环境、安定的生活、清新的空气，对莫扎特身体的成长大有益处。可是，利奥波德为了使儿子早日博取声誉，决定全家又一次奔赴维也纳。

但是这次，他们却付出了惨重的代价，莫扎特和姐姐在那里同时传染上天花，莫扎特写出的第一部歌剧《装痴卖傻》也未能在维也纳上演，全家人只好垂头丧气地重新返回到萨尔茨堡。

在以后的一段日子里，父亲让莫扎特认真学习、掌握对位法。他把约翰·克里斯梯安·巴赫、亨德尔、哈塞和埃贝林的作品交给莫扎特作为范例。

这些人都是当时有名的作曲家。其中，埃贝林是萨尔茨堡地区的作曲家，他的水平略高于一般人，当时很难找到比他更好的经典作品了。在家乡的日子里，莫扎特在父亲的指点下，再次投入到紧张的学习中，为迎接下一次的旅行做新的准备。

天才少年

为进入天国而奋斗固然是崇高的，但是活在这凡世也美妙无比。那就让我们做人吧！

——莫扎特

荣获“骑士”封号

1769年，莫扎特13岁了，他已经从一个小神童成长成为一个天才少年了。

他童年时的圆脸逐渐拉长，变为成年人棱角分明的脸型；他的鼻子变高、变长，眼睛更加前突，而不那么明亮了。他那结实的下颚底下的陷窝已经变浅了，构成了他所特有的松弛小褶。

他一下子长高了许多，穿的一切都显太小。他的四肢长得更粗、更有力了。不过，他的嗓子唱歌根本不行，他既唱不了高音，也唱不出低音，连5个纯音都唱不到。这使他很烦恼。但他还能弹奏，于是，他就用琴声来代替想要唱歌的想法。

自从1767年莫扎特从维也纳回到萨尔茨堡之后，在利奥波德的推荐下，西吉斯蒙德大主教就给了莫扎特一个宫廷“乐队指挥”的职位。这是一个较低的乐师头衔，其实是徒有虚名。只不过，从那时起，他常常要应召谱写教会音乐。

在此后的近两年时间里，莫扎特写了很多宗教音乐，同时创作了几首大型器乐合奏曲：嬉戏曲、娱乐曲和小夜曲。

这些作品都是用民间曲调占优势的舞蹈曲或群众性的小曲自由结合而成。像这样的作品在维也纳和奥地利国家南部是非常流行的，它也是莫扎特父亲最喜欢的体裁。

莫扎特模仿了他们的范例，很快掌握了这种娱乐音乐的风格和特性，并且用出人意料的戏剧性和富于幻想的激情丰富了它。

这年年底，莫扎特父子俩收到了对他们很友好的维也纳宫廷作曲家加谢的来信后，他们决定前往意大利开始新的旅行。

美丽的意大利半岛，在人类文明史上占有极其重要的地位，它是伟大的文艺复兴运动的发源地，是造就伟大艺术家的摇篮。每当人们提起意大利来，就自然会想到画家达·芬奇、拉斐尔、米开朗基罗，诗人但丁、作家薄伽丘等文化巨人。这是一个令人无限神往的地方。

意大利的音乐，特别是意大利的歌剧举世闻名。各国不知有多少著名的音乐家都先后到过这里，受到这里音乐文化的熏陶而成就卓著。

当时，往往只有在意大利得到修炼，通晓意大利的风格和在意大利博得声誉的音乐家，才能在世界上享有盛名。

利奥波德计划这次意大利之行已经有很长时间了，他好不容易得到主教大人的假期。不过，为了争取这次的假期，主教大人在利奥波德和儿子离开时起，就停发了他们的薪水。

此时，莫扎特已近 14 岁，他的姐姐也已经长成大姑娘了。成人的玛丽安妮已不方便抛头露面再进行演出。为了挣钱贴补家用，她留在家乡给别人上音乐课，顺便可以照顾母亲。因此，此次旅行仅有莫扎特父子，比起前几次少了一些家庭的温暖。

1769 年 12 月的一天，父子俩出发了。他们的行动路线计划得非常周密，首先沿着萨尔茨堡去米兰的通常路线向南进发，然后直插意大利半岛。

作为一个音乐神童，莫扎特早已名扬四海。他和父亲一进入意大利境内，就立即受到了人们的热烈欢迎。

每到一站，莫扎特都要举行一场音乐会，这些音乐会场场座无虚席，掌声雷动。在一些天生就有音乐感的意大利人面前，莫扎特每一场演出都取得了巨大的成功。

意大利人为他而倾倒。在曼图亚地区的报纸上曾有人这样评价他，他们称“莫扎特是为了压倒所有被公认的音乐大师而降生到人间的”。这种赞誉表达了意大利人对莫扎特无比的厚爱。

在意大利各地的精彩演出，莫扎特产生了轰动效应。

一次，他们父子在演出之余到某个城市观光市容，走着走着，前面挤满了由四面八方拥来的人群，沸沸扬扬。父子俩怕是有人聚众闹事，望而却步，但是好奇心又驱使他们想走上前去看个究竟。

哪曾想到，人群里竟有人突然高喊着说："看，就是那个年轻人，他就是大名鼎鼎的莫扎特！"

这人的声音刚落，人群里的其他人也异口同声，大声地说着："莫扎特，你好！莫扎特，我们向你致敬！"

众人簇拥着，几个年轻人竟把莫扎特抱起来，举到半空。人们欢呼着，跳跃着。莫扎特第一次深深地感受到：音乐是最能沟通人类情感的艺术，它能使你在异国他乡找到朋友和知音。他感到无限幸福。

莫扎特父子又来到意大利的另一城市米兰，在那里，他们和菲尔米安伯爵结成了好朋友。

菲尔米安伯爵是个颇有地位的米兰贵族，他很喜欢莫扎特。他聘请莫扎特为米兰剧院下次的圣诞节庆典写一部歌剧，莫扎特欣然同意，并决定漫游意大利以后完成这件事。

而后，他们又前往巴马。莫扎特在巴马臭名昭著的"巴斯塔德拉"家里聆听了驰名世界的意大利式歌唱，演唱者就是声名显赫的露克莱齐姬·阿吉亚利。她能用纯净的嗓音极其轻松地唱出高得难以置信的音符。要不是莫扎特亲耳听见，他真不相信谁能唱到小字三组上的 C 音。

莫扎特把自己的所见所闻写信讲述给妈妈和姐姐，在介绍演唱者阿吉亚利时，他还附上了巴斯塔德拉实际唱过的音调和乐段。

1770 年 3 月，莫扎特父子俩来到了世界大都市罗马。这里是莫扎特父亲利奥波德最向往的地方，在他们到达后的一个星期三的下午，父子俩去瞻仰西斯廷教堂。

西斯廷教堂是罗马 16 世纪 20 年代时期的最杰出的瑰宝，人们除了赞赏它的建筑之外，更惊叹于它的壁画。

西斯廷教堂中的礼拜堂是人们最常去的地方，它的天顶总共有1000多平方米，天顶上面的画以旧约《圣经·创世纪》为题材排列而成。组画共分三组，即叙述世界的创造、人的堕落和挪亚的故事。组画两侧各有6个高28米的先知和巫女。

这些画是著名画家米开朗基罗花了四年又三个月，每天趴在18米高的脚手架上，仰着脖子完成的。

当杰作完成之后，米开朗基罗的颈椎已经向后变形，看书时只能把书放在身体的正上方才能阅读，而他只有37岁的人却已形如老翁。他那宏伟壮丽的组画让整个罗马为之轰动。人们感谢上帝让米开朗基罗与他们生活在同一个时代。

莫扎特欣赏着那一幅幅形象逼真的画面，赞叹着罗马艺术的伟大。突然，教堂里传来一阵悦耳的歌声，莫扎特仔细一听，发现是歌手正在演唱一首著名的多声部赞美诗《愉快的圣咏》，和谐、庄严、优美的歌声飘进了莫扎特的耳朵。

这首曲目正是莫扎特奉若神明、梦寐以求的乐曲，他多么想把曲谱借来一睹为快。

莫扎特决定试一试。当时他和父亲都穿着漂亮的衣服，说着德语，父亲利奥波德直截了当地让仆人请瑞士卫兵闪开。士兵们看着他们亮丽的服饰，把莫扎特父子当成是一个德国贵族，而有些人则以为莫扎特是个王子。

就这样，他们顺利地进入教堂，来到了红衣主教们的桌前。莫扎特站在了两位红衣主教的椅子中间，其中一位是红衣主教帕拉维希尼，他向莫扎特点了点头，说道："请您悄悄告诉我，您究竟是谁？"

莫扎特微微一笑，小声地说："我是奥地利萨尔茨堡的沃尔夫冈·阿玛多伊斯·莫扎特。"

红衣主教大吃一惊，说道："什么，您就是那个传闻甚多的有名的小男孩?"

莫扎特听后问道:"您不就是红衣主教帕拉维希尼先生吗?"

大主教说:"是啊,你问这干什么?"

这时,莫扎特说:"我们有几封带给主教阁下的信,并请求晋见他。"

听完这句话,红衣主教高兴极了,他夸奖了莫扎特的意大利语,又说:"我也能说几句德语。"

莫扎特告诉这位红衣主教自己想要借《愉快的圣咏》的想法,遭到了主教的拒绝。此后,他们才知道,原来,《愉快的圣咏》是西斯廷教堂最珍视的曲目,教堂里的任何音乐家都不准擅自取走其中的任何一部分,也不准自己、或通过别人抄录,违者必将开除教籍。

莫扎特为自己的鲁莽感到很遗憾。在告辞时,他礼貌地亲吻了红衣主教的手,主教大人从头上摘下帽子,非常恭敬地施了一个礼。

尽管莫扎特没有得到想要的曲目,但他还是有办法将它得到。

离开教堂,莫扎特再次回到礼拜堂假装欣赏起壁画来,但此时的他已经无心观赏米开朗基罗在拱顶上所作的画,而是紧张地、全神贯注地倾听从教堂传出的音乐,好让每个音符都镌刻在他的记忆里。

《愉快的圣咏》一结束,父子俩就急急地赶回旅馆,莫扎特一把抓起纸和笔,爬上一张椅子,把整个《愉快的圣咏》乐谱全默写出来了。但他还不太有把握的几处是:一段二部合唱的谱子、古典教堂音乐风格的几种传统形式,和《愉快的圣咏》整个缺乏明显的节奏这一特点。

隔了一天,正好是星期五耶稣受难日,莫扎特又来到西斯廷教堂,把写好的总谱夹在帽子里,再仔细地聆听了一遍《愉快的圣咏》,他发觉有两个地方的音符错了,而其余则完全准确。

从此之后,这个"绝密的"从不外传的秘曲就再也不是什么秘密了。不久,莫扎特搞到秘不示人的《愉快的圣咏》乐谱的奇迹以及

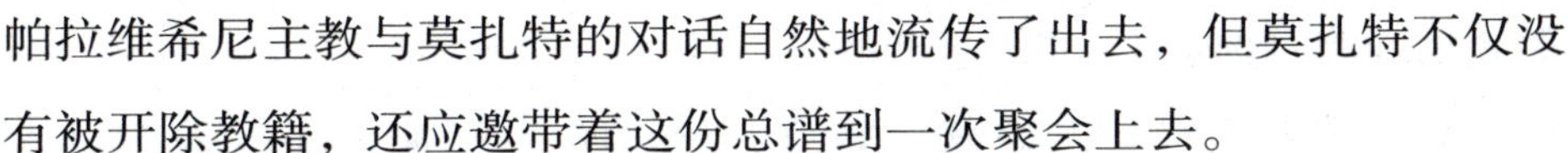

帕拉维希尼主教与莫扎特的对话自然地流传了出去，但莫扎特不仅没有被开除教籍，还应邀带着这份总谱到一次聚会上去。

会上，西斯廷教堂的演唱者之一克里斯托弗利证实了这份总谱的准确性。于是，这神奇的事件成了当时人们的美谈，莫扎特也为此事得意了很久。

1770 年 7 月的一天，在莫扎特父子即将离开罗马的时候，突然接到教会的通知，罗马教皇要在 7 月 8 日那天接见莫扎特。

这可是个可以让利奥波德一直挂在嘴上值得炫耀骄傲的事。但他也为此担心起来，因为毕竟是莫扎特泄露了西斯廷教堂的秘不示人的乐谱，他有些害怕儿子会因为此事而受到牵连。

不过，担心归担心，他们依然打扮如新，前往教皇住所。

这天，莫扎特穿上了刚买不久的苹果绿的外衣，那衣服四周是带有玫瑰色的饰边和银色纽扣的。他戴上了一个白辫假发套，两鬓的头发则微微有些卷曲，再配上漂亮的白色丝袜、缎子内衣和别致的网式前褶。

然后，这个笑容可掬的美少年出现在罗马教皇的会客大厅里，人们的直觉就是“气度不凡”。而在这个气度不凡的美少年的身后，却是一个身穿崭新栗色波纹绸外衣，外衣四周饰有天蓝色镶边的男子，他就是利奥波德。

这一老一少站在一起，加上那精心考虑过的衣着和色彩，构成了一幅十分迷人的画面。

当教堂音乐响起的时候，教皇在一群人的簇拥下缓缓地走进大厅。接着，教皇殿下向莫扎特颁发了金制骑士敕令，同时赐给莫扎特以金质勋章和“贵族骑士”的封号，然后又是一段长长的乐曲。

按照常理，这样的封号会使很多获得者终生炫耀的。德国歌剧作曲家格鲁克就接受过这样的荣誉，此人曾对歌剧改革有过重大贡献，当他获得此封号后便终生以此为荣。

但莫扎特也许是从小就受到很多国王的赞许和赏赐，对这样的封号却并不以为然，回到住处以后，他拿起教皇的恩赐笑着对父亲说：

“让这份金制骑士敕令和‘贵族骑士’的封号放在旅行箱里和我一起去旅行吧！”

虽然莫扎特已经是一个小小的男子汉了，但他孩子般纯洁的心灵在此时却依然不变。

被授研究院院士

1770 年 8 月，莫扎特父子从罗马出发，来到了那不勒斯。

此时，正是这个城市的演出旺季，莫扎特的演出自然成为旺季中的热门。人们甚至为这个美少年的演出才能产生了争论。

在一次演奏会上，莫扎特弹起了他喜爱的乐曲，但奇怪的是，当他弹奏完毕后，剧场里却一直不见有人鼓掌。人们只是在下面窃窃私语，一时间，喧嚣声、嘈杂声此起彼伏。

莫扎特正有些奇怪，这时，台下有个好心人从前面乐团的方阵中走上台来，附着莫扎特的耳朵轻轻说道：

“台下人们都在说，你手上的那枚戒指是有魔法的，所以你每次奏出最动听的乐曲时那戒指都在闪光。如果你能取下戒指，让人们听听你的琴声，我们将感到不胜荣幸。”

哦，原来是这样，莫扎特恍然大悟，他想：我的戒指又不会弹琴的，那不勒斯难道会被这种妖言所迷惑吗？

为了使这里的人们相信自己是有真实才能的，莫扎特让剧场人员拿走了他的戒指。然后，他像变魔术似的把双手正正反反地在观众的面前亮相，接着又捋起袖子，以表示无法私藏魔法。

莫扎特再次走到琴凳前慢慢地坐下了。琴声再次响起，莫扎特从低音弹到高音，一声比一声激烈，似乎给观众以一种清醒，乐曲随之倾泻而出，很多观众在一阵响亮的掌声之后才清醒过来。

他们终于知道，这不是魔法在起作用，于是热烈的掌声更加激烈，人们纷纷称赞这是真正艺术家的演奏。由于莫扎特在意大利的大小城市的轰动的演出，一个更实在的荣誉又在等待着莫扎特的到来。

9月，莫扎特父子来到了意大利音乐文化中心波伦亚。在这里，莫扎特有幸遇到波伦亚音乐学院的院士帕德尔·马尔蒂尼神父。他是欧洲著名的教会音乐和器乐的作曲家。他对莫扎特的才华，表现出极大的兴趣。

马尔蒂尼对莫扎特进行了全面考问，对莫扎特在他给的那些主题上写的赋格曲大为赞扬。他给莫扎特讲了几堂课，并非常诚挚地关怀着他。在与马尔蒂尼亲密来往的两个月中，大大地发展了莫扎特作曲最难的部分，即对位技巧的自由运用。

意大利之行对少年莫扎特产生的影响中要数他的教诲最为宝贵。莫扎特一生中一直非常尊敬这位前辈。

在马尔蒂尼的推荐下，莫扎特还破例获得了波伦亚音乐研究院院士的殊荣。按照波伦亚音乐研究院的规定，年满 20 岁才有申请成为院士的资格，但是由于马尔蒂尼神父的坚持，使得 14 岁的莫扎特有了这个机会。

当然，院士的头衔并不是随意送给莫扎特的，而是经过了相当严格的考试取得的。这天下午，该研究院的院长和两个主考官例行接纳会员的考试程序，当着全体院士交给莫扎特一部应答轮唱的赞美诗，让他到一旁去把赞美诗谱上四个声部的曲调。

有的参试者需用几个小时才能完成的作品，莫扎特只用去半个小时的工夫就交卷了。传看他的作品，使主考官们惊诧万分。作品完美、精致，天衣无缝，即使再苛刻的主考官也觉得无可挑剔。结果他得了满票，被授予波伦亚音乐研究院院士的荣誉称号。

莫扎特又一次成为人们瞩目的对象。当天晚上，父亲利奥波德迫不及待地给妻子和女儿写信告诉家里这一喜讯，他在信中说：

10 月 9 日 16 时他必须到达研究院的大厅。研究院院长和两名主考官当着全体院士交给他一部应答轮唱的赞美诗，让他到隔壁房间去把赞美诗谱上四个声部的曲调。

监考员把他领进那个房间并锁上了门。他写完以后，主考官、所有在场的乐队指挥和作曲家们都检查了卷子，然后用黑、白二色圆球投票。得票全是白球，接着就招呼他进来。

他一进门，大家纷纷鼓掌、欢呼，并表示祝贺。研究院院长事先已经代表研究院通知他已被接纳为院士。他一一致谢，全部过程到此结束。

这时普林赛先生和我还被关在大厅另一边院图书馆的一间屋子里呢。大家都对他这么快就答完了卷子感到不胜惊异，因为以前许多人谱一首三行的应答赞美诗都得花上长达3小时的时间呢。

不过，你应该明白，通过考试绝不是件容易的事。他们事先就告诫他，在这样的考试中有八项严格的规定。他只用了半个小时多一点儿就做完了。

其实，莫扎特成为音乐研究院的院士，是因为人们知道他有很高的音乐鉴赏能力。每次他听完音乐，都能作出些独到的评论和分析，有时甚至是毫无顾忌、直言不讳的。也就是从那时起，莫扎特形成了一个终身的癖好：喜欢对一首乐曲或作者作出入木三分的优劣评价。

比如，他常常对别人说："这出歌剧还不错，不过太墨守成规。风格过时了，不适合再上演。他们的舞蹈夸张得太厉害，简直可怕。剧院倒很漂亮。"

莫扎特的这些评论使他在音乐界里除了妒忌他才能的人之外，又树起了一些敌人。直言不讳，使他的树敌大于他的音乐才能，而善良的莫扎特却并不知道这些敌人将对自己以后的发展造成怎样的危害。

创作歌剧轰动米兰

1770 年 10 月 18 日，莫扎特父子返回到米兰。

米兰歌剧院正在排练莫扎特的大型三幕正歌剧《海洋之王，莱·第·邦托》。剧院邀请他亲自指挥，准备在圣诞节期间上演。

米兰歌剧院是当时世界上最好的剧院，早在他第一次来这里时，他就答应了菲尔米安伯爵为剧院写歌剧的事。

为了顺利地将此事完成，莫扎特带着歌剧的脚本一边构思，一边在意大利各地演出。这期间，他不失时机地在罗马和那不勒斯等地观看歌剧，熟悉各种类型的歌唱家的演唱风格，熟悉意大利歌剧的特性。这对他的歌剧创作提供了必要的准备条件。

从这年夏末秋初起，莫扎特把大部分时间都用来谱写宣叙调，并将它们寄给了米兰的导演。导演对莫扎特的乐谱非常满意，他立即邀请莫扎特父子尽快返回。

莫扎特在写《海洋之王，莱·第·邦托》之前，曾试着写过一部歌剧，那就是他两年前所作的维也纳歌剧《装痴卖傻》。

由于他当时还缺乏创作大型歌剧的知识，再加上剧院的意大利经理阿弗利乔对它的上演进行了拖延和推宕，各种各样的明争暗斗充斥其间，他的第一部歌剧最后夭折。

不过此时的莫扎特已受到了意大利歌剧的熏陶和名师的指点，再加上他已有过创作小歌剧的经验，所以他的《海洋之王，莱·第·邦托》写作进行得很顺利。

但由于这个歌剧反映的是古代的一个悲剧，所以谱写乐谱必须进入感情，这甚至影响了他的情绪。莫扎特在创作中有时沉入了深深的思考，这时，他就又会写些家信以调节自己的情绪。他在给母亲的一封信中说：

亲爱的妈妈，我实在写不了很多，因为写了那么多宣叙调，我的手指疼极了。求妈妈为我的歌剧一切顺利而祈祷，也为大功告成后我们能愉快地重逢而祈祷。

莫扎特的烦恼和祈祷是有道理的，因为他既要用音乐的音符达到叙述故事情节的目的，还要用音符表现出人们的对话，有时甚至要和剧中人说话吟诗的韵律相一致，这是一件非常严峻的工作。

然而，谁又曾想到，还有比这更严峻的事情威胁着莫扎特呢？

莫扎特为米兰剧院写新剧目的事很快被当地的音乐界知道了，人们不相信一个小孩子居然能写出能够在舞台上正式上演的歌剧。

意大利人认为，即使莫扎特写出来了，也是给德国人看的歌剧。然而当莫扎特创作完成之后，音乐界中的一些忌妒者又反对歌剧上演，后来又反对让莫扎特当乐队指挥。最后这一切都没能成功，他们就串通一气，向担任主角的著名女高音歌唱家巴纳斯可尼发出警告：不准演唱莫扎特的作品，否则将会得到报复。

为了达到挖走主角的目的，他们甚至把巴纳斯可尼调去别的剧组演出。但这些都没能阻止巴纳斯可尼参加莫扎特剧组的演出，因为她也喜欢莫扎特的这部歌剧。

莫扎特和父亲都被搞得忧心忡忡，处境十分可怜。然而，带有60人管弦乐队的彩排一开始，搞阴谋破坏的人和大肆诋毁的家伙们就瞠目结舌了，他们一个字也说不出口。

这在意大利是一个好兆头，负责记录乐谱的抄写员高兴得合不拢嘴，因为一旦莫扎特的剧目获得成功，来自各方的人士就会索要歌剧的乐谱，那么抄写员就得拼命地抄写乐谱，然后是出卖、分送给各方人士，而他们所得的钱常常比乐队指挥都要多。

不仅如此，看完彩排的菲尔米安伯爵也大胆地预言："这部戏将轰动米兰！"

公演在12月26日举行。这天，舞台上的大追光灯亮起来了，首先照在饰有花纹的绛红色幕布上；帷幕渐渐拉开，追光灯又慢慢地照向舞台的一侧，一个矮小的身影向舞台中央走来，追光灯尾随着追向舞台中央。当那个身影刚刚站定，舞台上万盏灯火齐放光明。

14岁的莫扎特身穿一件苹果绿的外衣，镶着玫瑰色的饰边和银纽扣，缎子内衣领口上打着考究的网式前褶，头上戴着银辫假发套，英姿焕发地站立在那里，指挥鼎鼎有名的意大利乐队演奏自己的歌剧。

演出开始了，人们被剧情和音乐所陶醉，当演员每唱完一段时，台下就发出一片热烈的掌声和欢呼声，人们狂喊着："万岁，大师！万岁，大师！"

整个剧场沸腾了。

莫扎特的这部歌剧在米兰连续上演了20多场，每次大厅里都座无虚席这种盛况对整个意大利来说都是少有的。

莫扎特的处女作歌剧在意大利一炮打响，给了莫扎特父子极大的兴奋。利奥波德想要把这振奋人心的消息告诉家乡的亲友们，同时，他这个萨尔茨堡宫廷乐队的副指挥，也不能太久地待在外面。

所以，当米兰的歌剧顺利地落下帷幕后，父子俩就急急地回到了家乡萨尔茨堡。

完成戏剧小夜曲

家乡是美丽的、宁静的，然而对于长期在外演出的莫扎特来说，回家让他最高兴的事仍然是见到他的宠物们。

这次，当莫扎特踏进家门时，金丝雀首先在笼子里鸣叫着欢跳起来，然后小猫也“喵喵”地向莫扎特打招呼。

可是，家里的那只小哈巴狗却已经被另外的一只小狗所代替了。这只小狗名叫宾派尔，它比所有的“前任”都更加认真地看门，认真地讨取家人的欢心，所以它比任何“前任”都更得到大家的宠爱。

宾派尔是一只世界著名的小型玩赏型博美犬，喜欢与人亲近。莫扎特轻轻的抚摸，立刻“博得”了宾派尔的信任，不久，他们已经形影不离了。

吃饭的时候，母亲不停地把最好的食物往儿子的盘子里放。

莫扎特没吃几口就想要离开饭桌，母亲安娜立即将儿子拉过来坐好，并严厉地要求：“沃尔夫冈，在你没有吃到松开裤带之前，绝不准离开餐桌。”

面对母亲的特别要求，莫扎特无可奈何地耸耸肩，只好照办了。要知道，他在外边漂泊了这么久，父亲从来不会使劲逼他吃很多东西的，而关心他身体健康的母亲则总是巴不得他多吃点。

莫扎特虽然在外面有了很大的名气，也得到了很多赏赐，但在萨尔茨堡，他们一家还是属于社会地位低下的典型的中下层阶级。尽管他们在外边挣了些钱，但他们仍然成天为了普通的衣食住行而操心。

因为，萨尔茨堡的社会地位区分是十分严格的。

不管生活多么严酷、多么悲哀，莫扎特总能保持畅怀大笑的性格，这种天赋为日后的莫扎特生活解脱了不少苦恼。

回到家乡不久，莫扎特和父亲又很快返回了米兰，原因是菲尔米安伯爵已经从奥地利皇后玛丽娅·特蕾莎那里得到了口谕，要莫扎特创作一部抒情夜曲式的歌剧，准备在一次即将举行的婚礼庆典上演出。

原来，这位拥有16个孩子的皇后那难计其数的子孙中又有一位要结婚了，这一次是在意大利那不勒斯的费尔丁南德公爵。

莫扎特在米兰的一家旅馆为公爵婚礼创作了戏剧小夜曲《阿尔巴的阿斯卡尼奥》。

这家旅馆住满了音乐家，在他的楼上、楼下都有小提琴家，隔壁是一位歌唱家，另一边则是双簧管演奏者。莫扎特觉得在这个地方作曲真是美妙极了，它给他带来新的灵感。这就是莫扎特对嘈杂混乱的环境所抱的平静态度。

在创作中，那位歌剧剧本的创作者拖了几天才完成剧目，害得莫扎特必须在12天内写完全部总谱。莫扎特终于在规定的期限内完成了这部作品。这是用当时寓言体裁的牧歌伴随着芭蕾舞场面写成的，曲调新颖、优美。意大利人又一次被征服了。

莫扎特的歌剧《海洋之王，莱·第·邦托》和戏剧小夜曲《阿尔巴的阿斯卡尼奥》虽然和他以后的作品比较还不成熟，但是与当时许多优秀作曲家的作品相比，却毫不逊色，其中有不少精彩之处，令人折服。

向他订购小夜曲的皇后除去付给报酬以外，还送给了他很多的珠宝，这在当时是最宠爱的表示。

小夜曲的成功，使莫扎特更加相信自己的力量，他开始了对一种新的、更加宏伟的音乐体裁的探索，这为他后来在歌剧创作上所取得的辉煌成就铺下了一条坚实而又宽广的路。

小夜曲完成后，父子俩又回到了家乡萨尔茨堡，但利奥波德先生

不想让儿子只在家乡做个职位低微的宫廷乐队指挥，他还希望儿子可以通过自己的本事干一番事业。

父亲明白为了拯救儿子就必须尽一切力量在萨尔茨堡以外为他找职位。为此，他们虽然回到了萨尔茨堡，但每当国外有贵族要莫扎特写作或是有了值得一写的题材时，莫扎特父子总是不愿放弃机会，欣然应命。

1771 年，米兰的菲尔米安伯爵又邀请莫扎特创作歌剧《路齐奥·西拉》，父子俩再次离开家乡。莫扎特非常用心地写这部歌剧。这出歌剧细节安排巧妙，乐曲配器丰富饱满，成为莫扎特歌剧创作中的一个里程碑。

父亲看见了儿子的才气以怎样的力量施展开来。以前一直是模仿使他迷恋的意大利典范的少年，在这部歌剧里已经显示出鲜明的创作个性。

然而，《路齐奥·西拉》的演出虽有很大成就，莫扎特举行的音乐会也获得成功，但父亲想保证儿子在意大利一个宫廷里经常工作的企图终于失败了。他每次遇到那些慷慨赞扬莫扎特的意大利音乐保护者们那种小心翼翼和支吾搪塞的态度就感到非常的愤慨。

尽管如此，利奥波德先生还是不愿意轻易就放弃这次的求职旅程，这年 8 月，他们又一次地来到了奥地利首都维也纳。

利奥波德清楚地记得，儿子 6 岁时去维也纳，皇后曾亲吻过他的额头，还送给他和姐姐每人一套礼服，并把一只镶有自己肖像的金表赠给了他，这是皇后赠给她最爱的人的礼品啊！

不久前，儿子在意大利获得成功的时候，皇后还向他订购婚礼小夜曲，赠给了他丰厚的礼品。这个时期，他们先前见到的维也纳皇帝弗兰西斯一世已经去世，皇后玛丽娅·特蕾莎的儿子约瑟夫继承了皇位。利奥波德带着儿子直接面见了这位年轻的新皇帝约瑟夫。

“哦，欢迎，当年的神童。”约瑟夫对过去的事情仿佛记忆犹新，他接着又问利奥波德，“怎么，你们又有什么大作来这里演出吗？”

利奥波德委婉地说出了自己的意思：“当然，国王殿下，如果您或者皇后需要的话，我们可以随时效劳。”

约瑟夫殿下沉默了一会儿，拍拍莫扎特的肩膀说：“好吧，先在我这里住下。我这儿正好有个交响乐的谱子，请你帮助改一改。”

几天后，约瑟夫殿下命人为莫扎特举办私人音乐会，王公贵族、亲朋好友的掌声、赞叹声充满了莫扎特的耳鼓。但音乐会结束后，对于要莫扎特父子留下的事，约瑟夫陛下却只字未提。

终于有一天，利奥波德在一个房间的抽屉里，无意中瞥见了这样的几行字：

难道你竟让像乞丐似的在世界到处游荡的人败坏宫廷的风气吗？做母亲的为你感到羞耻。

利奥波德顿时觉得脑袋像要炸裂一样的剧痛。

原来，约瑟夫殿下本来是很想聘请莫扎特为宫廷作曲家的，为此，他写信请教在异地的母后。但玛丽娅·特蕾莎皇后却很耿直，她对四处宣传小神童的莫扎特的父亲利奥波德先生的做法非常反感，她痛恨那种四处攀结贵族的商贾作风和那种把儿子当作商品推销给各王侯的做法，因此她坚决不同意这一提议，便为儿子书写了这样一封信。

特蕾莎王后给儿子的信使莫扎特错过了一次直接为宫廷服务的好机会。不过，此事对年轻的莫扎特来说并不在意，因为，在这个阶段，他唯一追求的还是创作，他还没有真正地认识自己的人生该怎样走。

当他再次回到故乡的时候，他已经16岁了，他在意大利的辉煌，是他早期荣耀的最后闪光。紧接着，迎接他的又将是什么呢？

热血青年

我是一个俗人，但是我的音乐不俗。

——莫扎特

摆脱主教的束缚

1772年，莫扎特已经是一个年轻的男子汉了，他爽朗活泼，生气勃勃，而且比他一生中任何时候都显得英俊潇洒。

他红润的面色和那双灰色的大眼睛、漂亮的金黄色头发配在一起显得很协调。每到正式场合，他的金色头发就被假发所遮盖了。

他一直很讲究穿着，身上也总是穿着好衣服，那是他必备物品的一部分。他很知足。由于他很小就接触了广阔的社会，尽管这些社会知识还很肤浅，但他的性格变得十分沉静，举止也很有分寸。

就在这个时候，他的家乡萨尔茨堡发生了一件牵动全镇的大事，利奥波德原先的雇主老西吉斯蒙德·冯·施拉腾巴赫大主教死了，继任者是严厉而专横的赫罗尼姆斯·格拉夫·科罗莱多。

为了欢迎他的上任，从维也纳回来的莫扎特不得不写了祝贺的、适合上演的大合唱《斯齐皮昂的梦》，以及C大调弥撒曲《圣三位一体的祝日弥撒》。

很显然，新的大主教很喜欢莫扎特的这些作品，他让莫扎特担任宫廷音乐师的职务，甚至给他定了不错的薪水。

但莫扎特父子同他们的新主人之间还是很难相处。原来，利奥波德先前就跟西吉斯蒙德大主教有过一些争吵，原因是大主教见识狭窄，又极固执，还不愿让利奥波德拿了工资却把大部分时间用来周游欧洲。但与赫罗尼姆斯的争执比这更尖锐。

赫罗尼姆斯不能容忍利奥波德占着宫廷乐队副指挥的位子，而带着儿子整年整月地周游欧洲。利奥波德为此与新主教发生过争吵，但最终为了维持家庭的生活，他只好乖乖地继续担任乐队副指挥，让儿

子任宫廷音乐师的职务。

虽然下层贫民仰慕莫扎特一家的荣耀，尤其是两个“神童”给家庭带来的光彩，但在大主教和贵族眼中，莫扎特父子只不过是个乐师，是为他们服务的工具。

大主教对下属十分专制，他要求自己的乐师们对他要绝对服从，要放弃任何个人的情趣和志向。换句话说，也就是使个人的兴趣、爱好、意愿都必须融化在大主教的意志和旨趣之中。

这位大主教的性格古怪、兴趣褊狭，虽然他并不精通音乐，却偏偏要把自己的一套强加于人。对于其他的一些普通乐师来说，为了保住饭碗也只好服服帖帖去伺候主子，可是对莫扎特来说，却再没有比这更痛苦的了。

大主教心里明白，像莫扎特这样一个具有非凡的天才，并且已经名扬四海的人，对他的这一套是不会买账的。于是，大主教横下一条心，一定要治服莫扎特，他依据这样的“施政方针”，首先以苛刻的待遇来对莫扎特父子进行报复。

赫罗尼姆斯把宫廷中的所有肥缺都给了外国人，其中，音乐方面的好职位都让意大利人占了。但是，他又是个很有办法的人。在西吉斯蒙德统治下的萨尔茨堡教会横行，空气沉闷、压抑，到处是伪善行为；而在他的继任者统治下则变得自由、欢快、活泼。

赫罗尼姆斯也一点儿都不笨。虽然他对音乐并不精通，他也完全清楚莫扎特的重要性，但是他却觉得他可以不费分文就把莫扎特留在宫廷里，让他写什么就写什么，也用不着给他什么奖赏。赫罗尼姆斯这样做实际上是因为他总想显示一下他对萨尔茨堡及其居民的鄙视，而不是故意要亏待莫扎特。

利奥波德对这位新主教恨之入骨，主要原因就是在乐队总指挥的职位空缺时他没有被任命补缺。这样，一年年过去，本来早该得到个体面职位的莫扎特仍然担任着年俸150盾的卑微小职。

为了保持此职，莫扎特还写了一大批非常出色的音乐作品，如弥撒曲、应答祈祷曲、两重轮唱、组曲、各种轻音乐、大量的协奏曲和交响曲。这段时间里，他的作品有了显著进步。

1773 年，莫扎特受著名奥地利作曲家海顿音乐的影响，作了六首弦乐四重奏曲。

每次，有了值得一写的题材，他和父亲就得出一趟远门。就这样，他在从维也纳回来的第二年又为著名的男唱女声歌唱家罗兹尼写了充满朝气的圣歌《喜悦·欢腾》。

到这时为止，莫扎特已先后创作了 200 多部乐曲，然而，这对他来说，仅仅还是一个开始。

这期间，他写得最出色的就是圣歌中赞美天主那一段的曲调，无论从主题思想还是艺术形式上来讲，其成就都是不朽的。而它竟然出自一个 17 岁的少年之手，真令人难以想象。不久，莫扎特又在慕尼黑写出了歌剧《扮成园丁的姑娘》和《牧羊的国王》。

1775 年 1 月 13 日，《牧羊的国王》在慕尼黑首次公演，演出盛况空前。这场公演之后，慕尼黑的《德国年谱》上记下了这样一段话：

如果莫扎特不是在温室中成长的花朵，他一定会成为历史上最伟大的作曲家之一。

尽管《德国年谱》给予了莫扎特崇高的评价，然而，碰上了赫罗尼姆斯这样的主教，莫扎特做的这一切成就都等于是白干。他认为，莫扎特创作再多的乐曲也是应该的。

一个在罗马得过金制骑士敕令和赐过金质勋章及“贵族骑士”封号的受过优良训练的作曲家和杰出的钢琴演奏大师，现在却默默无闻地在山城的宫廷乐队里当一个卑微的小职，没有地位，更谈不上前

途。这样的难题不是利奥波德或者莫扎特所能对付得了的。

在考虑再三之后，利奥波德竭力想通过信件和暗地里找说客来为莫扎特谋取一个位置。

但他同时也非常害怕赫罗尼姆斯。他十分清楚，一旦自己的努力被发觉，他和儿子都会立即被解雇。其实，他大可不必这么担心，因为谁也没有对他的试探作出回答。

不过，这种绝望的状况不能永久继续下去，于是，家里的客厅经常有冗长的商谈。莫扎特和父亲隔着桌子你看看我，我看看你，妈妈和姐姐拿着针线活坐在一旁，不住地摇头。

莫扎特认为他和爸爸都应该辞去宫廷里的工作，全家 4 个人一起出去在整个欧洲逛上一圈。他觉得这将像他们童年时的旅行一样成功。

利奥波德则明智得多，他知道这是不可能的。幼小的神童很容易引起轰动，可对于两个演技超群但默默无闻的青年钢琴家来说，要赢得愿意花钱买票的听众却是困难重重的。

事情很明显，莫扎特的唯一出路就是在某个重要宫廷里得到一个永久性职位。如果担任了这种职务并还有可能写歌剧的话，他自己也许会对此热心得多。从幼年的尝试直到最近的伟大作品，莫扎特都是把歌剧放在首位的。每当他极想写歌剧，而生活又逼迫他用其他方法来谋生时，他就最容易对自己的事业产生绝望的想法了。

但是，利奥波德提醒他，现在更重要的是出名，出了名，创作歌剧的机会也就随之而来了。

莫扎特没有忘记，自己还是个作曲家，更是个钢琴家，他必须把一部分希望寄托在这上面。从慕尼黑回来后，莫扎特更多的时间花在作曲上。这一时期的创作不仅以音乐种类的广泛惊人，而且也以情绪的多样化使人惊叹。

这样，在大多数是戏谑的、快乐的或官场庆祝的乐曲中充满了深刻的戏剧性的《G小调交响曲》，就以截然不同的姿态出现了。这是未来成熟时期的莫扎特悲伤和充满热情的形象的先声。

在当时，人们认为奇特的《G大调钢琴奏鸣曲》的情绪是现实的同时也是幻想的，他的著名的《D大调小步舞曲》是余兴曲的一部分，它是以生活为题材高度诗化的一首出色的舞曲。

在这几年里，莫扎特钢琴的个性风格逐渐形成了，这种动人的、如歌的、灵活的风格带有热情和流利的音调。这种音调使莫扎特的奏鸣曲好像是一种音乐谈话似的。

这一时期，在莫扎特创作中占极其重要地位的是小提琴协奏曲。作为一个演奏家，莫扎特对于小提琴并没有像钢琴一样花很多时间和精力，但是这并没妨碍他在演奏的完善和精神美上胜过当时大多数著名的小提琴家。

在小提琴修养上他有自己成熟的观点。有一次，当莫扎特谈到一个意大利小提琴家洛里的演奏风格时，这样说道："我不喜欢用飞快的速度，不主张为了追求快速度而把乐器响亮程度只用一半，弓子刚刚触及小提琴，手好像是在空中演奏一样。"

不论是在歌唱方面，或是在钢琴或小提琴演奏方面为技巧而技巧都同样是他所不喜欢的；但是能够传达思想感情的奔放，或无忧无虑的热闹快活的技巧，是他音乐所喜爱或不可缺少的表现手法之一。

由于宗教音乐是大主教爱好的艺术，莫扎特只好为教堂写了很多这方面的音乐，使他感兴趣的是能够为合唱队写东西，能够听见使他激动的声音。

受宗教题材所限制的形象，在莫扎特的处理中有时竟成为舞台上的富于表现力的形象。他摆脱不了对歌剧和戏剧音乐的思念，这是他在萨尔茨堡生活中最感到痛苦的一件事。

无论是经济上的宽裕，家庭的温暖，还是在这一时期体验到的倏忽的恋情，都不能减消经常增长的不满，他已经体验过了在歌剧音乐中体现活生生人的形象时所具有的什么都不能相比的创造力的高涨。

特别是在他年满20岁时，他在一次给自己的老朋友马尔蒂尼的信中说：

敬爱的大师！……我住在一个音乐不走运的国家里，虽然除去从这里走掉的音乐家们之外，我们还有很有修养和很有天才的真正的艺术家和卓越的作曲家。这里的剧院情况很不好，缺乏歌手。

我们完全没有出色的独唱家，他们也未必能很快地出现；他们需要待遇好而我们这里实在说不上慷慨。

我离您多么远啊，我有多少话要向您说啊！

在这封信里，这位年轻的青年作曲家吐露了他创作上的孤独和想离开萨尔茨堡的强烈愿望。

看着一天天长大的儿子，利奥波德决定和莫扎特必须再出去旅行一趟。这次的主要任务不是演出，而是尽一切努力为儿子搞到某个宫廷里的职位，并把他留在那里。于是爸爸为自己和莫扎特向赫罗尼姆斯请长假。

可恨的大主教愠怒地一口拒绝了。利奥波德惊得目瞪口呆。他原以为自己出去旅行顶多主要扣发他们的工资，可怎么也没想到，主教竟会干脆不准他走！

让利奥波德没想到的是，这时的莫扎特已不是一个唯命是从的小男孩了，他不但有自己的主见，而且有自己的个性。

莫扎特生平第一次采取了自己的行动。他没有向任何人谈过自己的想法，竟径直走进大主教的屋里，递交了自己的辞呈。

这使大主教大大地吃了一惊。这个平时看上去无忧无虑甚至有些轻浮的小孩，现在居然敢公开和他对抗。但这位高高在上的大主教唯一可以做的事情只是默不作声地接受辞呈。

儿子大胆的举动使利奥波德大为惊愕，他想到儿子辞职以后，万一在别处也找不到合适的工作该怎么办？儿子辞职了，大主教会怎样处理他自己呢？如果他们全家没有了固定的收入，一家人又该怎么生活下去呢？

利奥波德惴惴不安地等了好几个小时，他不知道自己的工作还能否保住。但赫罗尼姆斯却以极其无礼的侮辱性语气让他留下好好干活，利奥波德悬着的一颗心总算稳稳地放了下来。

莫扎特以为一切问题都解决了，他可以一个人出去旅行了，他甚至打算在去巴黎途中碰上哪个宫廷愿意接纳就待上几天。可是，利奥波德却无法接受让儿子单独行动的事实。因为，让莫扎特一个人出去真是不可想象的事情。

如果他在路上遇到强盗小偷怎么办？如果他忘了去拜见该拜见的人怎么办？如果他在外面也像这次递辞呈一样使起性子来怎么办？如果他在外面交上了酒肉朋友学坏了，整天跳舞、喝酒怎么办？如果有姑娘来追求莫扎特怎么办？

还有，如果不是姑娘，而是个女人缠住莫扎特，最后没有经验的莫扎特竟然和那个女人干出了丑事，甚至得了某种疾病，那可怎么办？

利奥波德越想越心寒，越想越觉得可怕。毫无疑问，莫扎特是不能单独出去的。这孩子从来没有离开爸爸自己度过一个白天或者单独过夜，他独自到外边闯世界的能耐比一个婴儿强不了多少。

最后，经过全家人一致通过，由妈妈取代了爸爸。1777 年 9 月 23 日，妈妈带着 21 岁的莫扎特一起上路了。

再次踏上征程

莫扎特和妈妈的第一站是慕尼黑。在那里，莫扎特去会见了选帝侯马克西米利安，他极为恭敬地拜倒在选帝侯的脚下，表示愿意为其效劳。

但尽管莫扎特以前曾为慕尼黑谱写过几部歌剧，并到过那里无数次，尽管马克西米利安公爵已经认识他 15 年了，选帝侯还是拒绝了莫扎特的请求。

因为公爵认为他应当首先去意大利，在那里立身扬名。于是，莫扎特只好和妈妈继续向爸爸的故乡奥格斯堡进发。本来，爸爸在临走前规定让他们住进圣十字街的兰姆旅馆的，但母子俩却住进了利奥波德的哥哥约瑟夫·伊格奈兹大伯家里。

大伯对莫扎特母子的到来显得有些意外，但他还是非常高兴地接待了他们。大伯的女儿、莫扎特的堂妹想陪他到镇子附近去玩玩，但莫扎特的兴趣却在好酒好菜上。

有一个有钱的年轻的鳏夫加纳斯看到莫扎特很喜欢，于是就相邀一起吃饭。被邀请的除了自己家人以外，加纳斯漂亮的小姨子、教堂的几个乐师也来了。另外，还有格布尔神父居然也赏光出席了。

莫扎特看到桌上有他很爱吃的家乡菜，就狼吞虎咽起来。吃完似乎得到了一次大大的满足。吃完晚饭，加纳斯提议去附近安德烈亚斯·施泰因先生的教堂里娱乐一下。

施泰因先生其貌不扬，但却很有意思，他正在为改进钢琴的音质进行着引人注目的试验。对于这一提议，喜欢音乐研究的莫扎特是很赞同的。大凡酒足饭饱之后，他的心情也总是最愉快的，他认为自己最好的休息就是娱乐和聊天。

见面之后，莫扎特在施泰因最新改进过的钢琴前坐了下来，然后照着施泰因的琴谱弹了当地一位名人贝歇所作的一首奏鸣曲。这首曲子难度较大，曲调悲怆空寂。在一旁的乐队指挥和风琴师看到莫扎特很轻松地弹奏完毕，惊讶得无法形容。

然后，莫扎特凭着记忆弹奏了自己用 G 调和 D 调分别创作的奏鸣曲。因为施泰因对钢琴进行了音质改革，所以莫扎特弹奏出的音乐非常动听。莫扎特知道，施泰因的研究不仅在钢琴上，他对管风琴也是十分喜爱的，而且也做了不少有益的改进。

为此，当莫扎特弹完了自己的鸣奏曲，还没等其他人发出评论，他就转身对施泰因先生说："施泰因先生，我很想弹弹你的管风琴。"

施泰因显然吃了一惊，他疑惑地问："什么，管风琴？难道像你这样的人物，一位伟大的钢琴家，居然愿意在一架既不谐和、又无法表示感情，而且没有强弱音和音色变化的乐器上演奏？这可能吗？"

莫扎特认真地回答："哦，那算不了什么。在我看来，据我听来，凭我所知，管风琴依然是乐器之王呀！"

施泰因摇了摇头，嘟囔了一句："随你的便，我的孩子。"

于是，他们便一起开始弹奏起施泰因的管风琴。在施泰因看来，以弹奏钢琴闻名的莫扎特在弹奏自己的管风琴时应该弹伴奏，但当他们弹到合奏的部分时，莫扎特却弹起了主要的前奏曲。

施泰因听着听着，不禁露出了笑脸，他笑着说："我算是彻底信服你了。你弹得真不错，简直把管风琴发挥到了极致。"

莫扎特不好意思地向他笑笑，继续弹奏赋格曲。此时，莫扎特的琴声把一个"爱好音乐"的神父吸引过来了，他特意摆起了简短的酒会。这个名叫埃米利安的神父十分放肆，他老是想开莫扎特堂妹的玩笑。后来，他喝醉了，便大谈起音乐来，并非要让莫扎特和他一起唱歌。

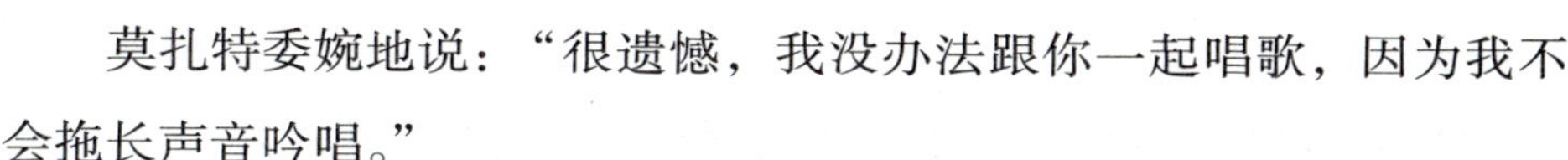

莫扎特委婉地说："很遗憾，我没办法跟你一起唱歌，因为我不会拖长声音吟唱。"

可神父却不依不饶，硬要拉着莫扎特唱。莫扎特唱了起来，可他配上的完全是另一套词，他唱道："牧师埃米利安，哦，你这个笨蛋，舔舔我的屁股吧！"

他尽量把声音压低了唱，一旁的堂妹听了，笑个不停。

尽管莫扎特此时已经是个20多岁的成年人了，但他贪玩的个性却仍然不变，他把自己的见闻一字不漏地写信给父亲。但这些事情并没有引起利奥波德先生的兴趣，他觉得儿子此次出门是去找工作的，而不是到自己的亲戚家里卖弄什么或者去捉弄谁。他写信要儿子尽快离开奥格斯堡，重新踏上远行的路。

父亲的唠叨让莫扎特有些厌烦，但就算这样，他还是极力去做好一个乖儿子。在爸爸的一再催促之下，他们离开了大伯的家，于11月1日来到了位于莱茵河上游河谷北部的德国城市曼海姆。

曼海姆是莫扎特熟悉的地方，13年前，就是曼海姆那个出色的宫廷交响乐队让莫扎特大开了眼界。现在，莫扎特又与乐队里的第一长笛手文德林见面了。

莫扎特对文德林的家庭氛围很是喜欢，因为这位朋友的家庭气氛非常开放、自由。他的女儿从前当过选帝侯的女主管。文德林家没有一个人去教堂作祈祷，全家都爱笑爱闹。

由于和文德林的亲密友情，莫扎特改变了天生厌恶长笛的心理，并写了两首长笛协奏曲，一首是用G大调写的，一首是用D大调写的。其中第二首写得尤其华丽，旋律活泼，动人心弦，是莫扎特作为艺术大师风格的杰出范例。

曼海姆的一批音乐家听说莫扎特又来了，而且不是当年的一个小孩子了，于是都来请莫扎特去吃饭。这些人有拉姆、朗格、沙兹梅斯特、著名的男高音老歌唱家拉夫，以及乐队指挥克里斯蒂安·卡纳比希等人。

克里斯蒂安非常喜欢莫扎特，几乎每天都要请他去吃饭。

莫扎特很喜欢到这位指挥的家里，他在克里斯蒂安家除了吃饭几乎所有的时间都被排满了。

他和这位指挥家一起讨论德国教会的众赞歌如何作曲更为妥当。因为赞美诗原来是由唱诗班唱的，去做礼拜的会众是不唱歌的。但德国宗教改革以后，恢复了全体公众唱圣歌的习惯，所以音乐必须由烦琐的复调体一变而为淳朴的和声体。那么旋律就必须适应这种改革。莫扎特还和克里斯蒂安讨论经文歌、素歌、受难曲等的演奏技巧。这些讨论都是莫扎特非常乐意参加的。

在克里斯蒂安家，莫扎特最愿意的是和这位指挥家的女儿、漂亮的罗莎·卡纳比希待在一起。为了表示自己对她的喜爱，莫扎特还专门为罗莎写了几首奏鸣曲。不过，年轻的罗莎并不愿意过早的坠入情网，她待莫扎特的感情如同亲兄妹。

在曼海姆，莫扎特还遇到了德国歌剧作曲家戈尔茨包耶尔，并听到了民族歌剧《居恩切尔·封·史瓦尔茨堡》。此时，一直同意大利歌剧舞台保持联系的莫扎特，敏锐地意识到创作民族歌剧的迫切性。他期待着有一天能有机会实现自己的宏愿。

在这座音乐之城，莫扎特还结识了当时德国著名的文学家维兰德，他是德国启蒙运动后期的代表作家之一。

莫扎特同赫尔德和歌德也有交往。这两位都是当时正在兴起的文学上的突出领袖人物。他们的作品多揭露时代弊病，讽刺虚伪道德，宣扬个性解放，这对迫切要求摆脱教廷束缚、渴望自由的莫扎特不能不有所影响。

曼海姆对莫扎特最具有诱惑力的，是他深切地感受到平等的人际关系和自由创作的氛围。这与大主教赫罗尼姆斯控制下的宫廷乐队相比，二者有天壤之别。前者使他流连忘返，后者则令他窒息。

品尝甜蜜的初恋

莫扎特在曼海姆这段日子里，最令他永远难以忘怀的还是他那夭折的初恋。一天，他正在安排人抄写乐谱，准备演出用，克里斯蒂安来带他去看望一个名叫弗里多林·韦贝尔的人。

这个倒霉的韦贝尔只在宫廷歌剧团里干些抄写、舞台提词和一些杂活，他所获得的钱真是少得可怜。然而，正是这个人，此后却和莫扎特的生活有了千丝万缕的关系。

韦贝尔的第二个女儿阿洛西娅已经是歌剧团里的一名小演员，她的歌声一下子把莫扎特吸引住了。莫扎特本能地感到，这个姑娘一下子占据了他整个心，他朝思暮想地期待着与阿洛西娅的再次相见。

有一个晚上，莫扎特去韦贝尔家，刚巧出来开门的就是阿洛西娅。她向客人嫣然一笑："您好，莫扎特先生。"

"见到您非常高兴，小姐。"莫扎特说话时还颇有一点绅士风度，可是心里却早已乱了方寸。

阿洛西娅生性聪颖活泼，情感外向。其实自从她第一次见到莫扎特的时候起，她的心底里便很快升腾起一股难以遏制的爱的火苗。

她先开口询问莫扎特说："莫扎特先生，您上次听到我唱歌，可以表达一下您的看法吗？"她边说，边为莫扎特搬来一把椅子。

莫扎特抓住这个话头，不失时机地向阿洛西娅提出："能否请您再唱一遍给我听？"

阿洛西娅点了点头。

莫扎特坐了下来，弹了歌曲开头的几个和弦，阿洛西娅引吭高歌。她唱得婉转、甜美，歌声里充满着无限的柔情。两个年轻人的心越来越贴近，这一对有情人借此在倾吐着他们彼此的爱慕之情。

阿洛西娅此时所唱的，正是莫扎特谱写的一首《德·阿米西斯咏叹调》。这是她会唱的歌曲中最难的一首咏叹调。使莫扎特感到吃惊的是，她所唱出的每一个乐句，都是那样完美、准确，其中有几个难度极高的乐段，她处理得非常出色，这只有天赋极高的歌唱家才能达到。

这位天才的作曲家，已完全为阿洛西娅所倾倒。他站起身来，抓住她的双手。阿洛西娅也毫不掩饰地流露出她已为莫扎特的艺术才华和艺术家的风采而动情。这对年轻人情意殷殷，心头溢满了温暖，感到从未有过的幸福。

莫扎特被爱情之火燃烧得心潮激荡，阿洛西娅成了他心中的歌。他为阿洛西娅谱曲，阿洛西娅为他唱歌。他们以音符、旋律来倾吐衷肠，或者说他们是将浓浓的情、深深的爱都融注在音乐这一特殊的情感符号里。他们相爱日深，相互间感到谁也不能离开谁了。莫扎特决心要帮助她，使她成为欧洲第一流歌剧演员。

可阿洛西娅家是那么穷，莫扎特想父亲是不会同意自己与她交往的。不过，莫扎特还是不愿轻易放弃自己的初恋，他又想到了歌剧。他觉得，像阿洛西娅这样的嗓子应该演唱歌剧。

为了阿洛西娅，他什么都能写。他决心为她创作。他要周密地计划，做到既理智又谨慎，不让爸爸有任何理由担心。他觉得，一切都会尽如人意的。但莫扎特很快就陷入了困境。莫扎特的好朋友们，克

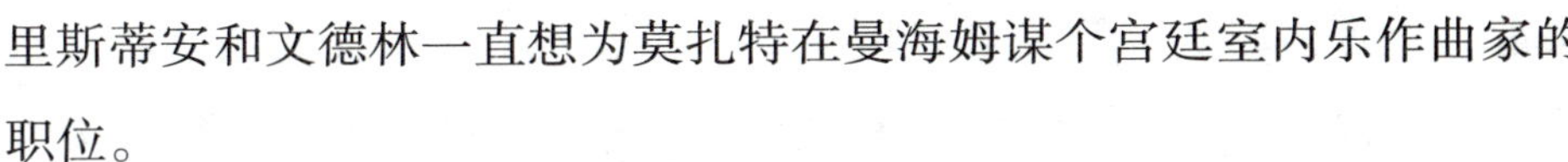

里斯蒂安和文德林一直想为莫扎特在曼海姆谋个宫廷室内乐作曲家的职位。

他们想通过宫廷官员萨维奥里伯爵在选帝侯情绪好的时候去拜见选帝侯。萨维奥里看上去很热情，他提议让莫扎特把所有惊人的才能以及得过的大奖都点滴不漏地写出来，然后他再去和选帝侯先打个招呼，说几句好听的话，然后再把莫扎特带去引见。然而，莫扎特却迟迟没能见到选帝侯。

在此期间，莫扎特和妈妈住在法尔茨兴旅馆，每天必须支付很高的房费。他们的希望全都寄托在选帝侯的决定上。当然，他们也把这里的每一步的计划都通知给了家乡的父亲。

父亲一再地写信催促儿子尽快会见选帝侯，而莫扎特则认为，在曼海姆、巴黎、意大利，人们对音乐都有一种偏爱，对一个已经有很大成就的年轻人来说，在乐队里谋个职位是不成问题的，于是，他于1777 年 11 月 8 日给父亲写了一封极其简单但却很自信的信。信的内容如下：

我最敬爱的父亲：

我既非诗人，亦非画家。我不能用诗句或色彩来表现我的感情和思想，但我能用声音来表现，因为我是音乐家。

我所敬爱的父亲的乖儿子

沃·莫扎特

但让莫扎特没有想到的是萨维奥里伯爵是个表面热情亲切，内心却很虚伪的家伙。就在莫扎特给父亲写完这封信的一个月后，在一次宫廷音乐会上，莫扎特终于等到了选帝侯的答复。

那天是 12 月 8 日，萨维奥里伯爵也在音乐会上，可他总是躲着莫扎特。莫扎特故意走到他的面前，萨维奥里伯爵看到莫扎特已站在眼前，抖了抖眉毛，耸了耸肩膀。

莫扎特开口问道："怎么，伯爵大人，选帝侯殿下还没有答复吗?"

萨维奥里摊了摊手，作出一副无可奈何的样子，说："实在抱歉，一切努力都白费了。"

这一次，他再也没有说什么"选帝侯出去打猎了、出去聚会了、出去游览了"等借口。

希望破灭了，莫扎特只是微微一笑，他向对面这位伯爵大人深深鞠了一躬，很释然地说："好吧。可是，选帝侯完全可以早一点告诉我的。至于其他嘛，伯爵大人，您那么热心地为我帮忙，实在非常感谢。如果选帝侯仁慈地把这一消息告诉了我，虽然不怎么及时，但我还是要请求您向他表示我的谢意。您可以请他相信，如果他雇用了我的话，他绝不会因此而后悔的!"

萨维奥里对莫扎特镇静的神情有些吃惊，他的嘴唇微微地抽动着，极其恭敬地鞠了一躬说："喔，对于这一点，我可能比你更确信。"

到这时，萨维奥里伯爵仍对莫扎特显得非常的相信。

莫扎特离开选帝侯宫廷，来到文德林家。他平静地走进屋里，脸色苍白，一言不发。文德林使劲盯住他，莫扎特摇了摇头，表示计划失败了。

文德林一怔，从椅子上跳了起来，脸涨得通红，握紧了拳头，咕哝了一句："这个猪猡!"

接着，他用拳头往桌上一砸，说："我们必须想个办法。我觉得，你还得待在这里，至少两个月，直到我们能够一起去巴黎为止。明天克里斯蒂安打猎回来了，我们再好好商量商量。"

由于朋友们的挽留，莫扎特没有立即离开曼海姆，但是，他和妈妈在旅店里已经无法再支付高昂的住宿费了。为了继续留下来，经过朋友们的介绍，莫扎特和母亲住进了一个枢密官先生的家里。

这位先生不仅为母子提供住处，还为他们提供房间的燃料、灯光和母亲的饮食。而莫扎特则仍然可以到文德林家用餐。作为交换，莫扎特必须给枢密官的女儿上音乐课。为了生活和筹集旅费，莫扎特还得给罗莎·卡纳比希和一位荷兰军官上课。

当然，这里还有一个原因是暂时还无法告诉父母的，那就是莫扎特已经和阿洛西娅正式交往，他想在曼海姆待下去，不想去任何地方。

不久，莫扎特接到了一位住在曼海姆的、澳大利亚奥兰治的公爵夫人演奏的邀请。在征得了夫人的同意后，莫扎特带着女友阿洛西娅一同去了，他们幸福地度过了美好的一个星期。

莫扎特为公爵夫人带去了为自己的女友新作的四部交响曲，这些作品得到了夫人的大力称赞。临行前，公爵夫人送给莫扎特 7 个金路易的银币，而为她伴唱的阿洛西娅仅得到了 5 个。

回到住所，莫扎特兴致勃勃地为母亲讲述了自己的经历。警惕的母亲察觉到了儿子与这位叫作阿洛西娅的姑娘的特殊关系，她提醒儿子，终身大事应该征求父亲的意见。

莫扎特听从母亲的话，给父亲写了一封长长的信。他满怀爱意向父亲介绍了自己的爱人，说她作为一个歌唱家才华出众，天资聪慧。他还说：她唱得最好的一首咏叹调，正像他所理解的那样，唱得完美而准确，不论她在哪里演唱这首咏叹调都会成功的。

在信里，莫扎特还谈到她的父亲是一个非常正直的人，他严格教育自己的子女；在 14 年里他每月领 420 法兰克的薪水，这个低微的数目不但要养活自己，而且要养活妻子和 6 个孩子。

父亲收到莫扎特的信后立即写了回信，他在信中严厉地警告莫扎特：事业未成，不该过早为爱情冲昏头脑而不能自拔。他责问儿子是不是打算让某个庸俗的女人给迷住，以草堆当床，用栅栏围上一大堆嗷嗷待哺的孩子，就这样混过一生？

父亲泼来的冷水，把莫扎特从情感的，或者说幻想的世界拉回到现实中来。此后，父亲几乎每天都有信来，让莫扎特尽快离开曼海姆。他在信中非常严厉地说："去巴黎吧，快去！你应该到伟人中间去寻找你的位置！"

利奥波德的回信把莫扎特构成可怜防线的每一条理由都击得粉碎。莫扎特显然是接受了父亲这些教训，但是他的心里非常痛苦，他和阿洛西娅约会时常常发呆。他不愿离去，但是又不得不走。

离别的日了终于来到了，这是3月的一个晚上，夜色漆黑，狂风大作，地上满是害人的烂泥，一朵朵残酷的乌云飞驰过污浊的天空。

莫扎特慢慢地走到韦贝尔家，他无精打采地走上楼梯，敲了敲门。

韦贝尔的妻子凯西莉妮刚喊"进来"，莫扎特已经进了客厅。凯西莉妮急急忙忙地从厨房里出来，解下客人潮湿的外套，把一张椅子拖到炉边，催他坐下来歇歇。

莫扎特摇了摇头，心不在焉地问："阿洛西娅呢？"

凯西莉妮奇怪地看了他一眼，说："她在卧室。"说完就叫小女儿去找姐姐。

莫扎特等待着，眼睛呆滞地透过敞开的门凝视着对面的屋子。

凯西莉妮和孩子们在摆桌子，准备吃晚饭。

很快，阿洛西娅从卧室走到客厅。她脸色苍白，眼皮低垂着。莫扎特默默地吻了她的手，把手紧紧地拽住，翻过来，将自己的嘴唇贴到手心上。他不安地朝屋子四周扫了一眼。阿洛西娅走过去轻轻关上门。

莫扎特拉着阿洛西娅到客厅的钢琴前坐下，情不自禁地弹起他们第一次见面时的那支乐曲。伴着曲子，阿洛西娅那年轻的嗓子又一次响了起来，歌乐声中融进了别离情绪，听来有点凄凉。

一曲完毕，莫扎特站起身，把她搂在怀里，将脸埋在她雪白的脖

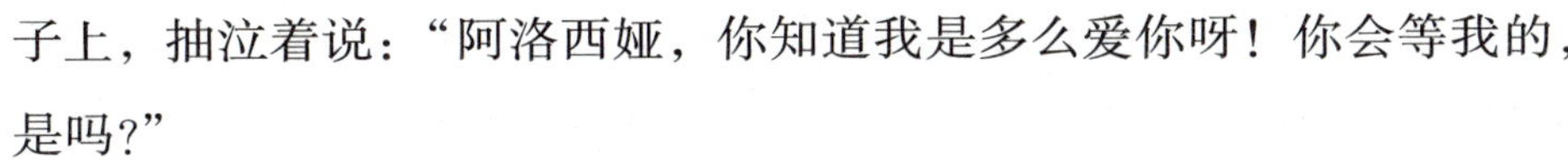

子上，抽泣着说："阿洛西娅，你知道我是多么爱你呀！你会等我的，是吗？"

他恳求地说："我亲爱的，说你一定等我。"

阿洛西娅点了点头。

两个人情意绵绵，难舍难分。莫扎特无限深情地望着她说："记住，阿洛西娅，我爱你。我要和你结婚。你也这样想吗，我亲爱的？"

她又点了点头。

阿洛西娅还很年轻，她才仅仅16岁，她还不知道该说什么好。她把手伸进裙子的口袋里，掏出一只小小的丝钱包，递给莫扎特，低声说："这是我为你织的，作个纪念吧！"

莫扎特激动地接过来，深深地吻了吻钱包，然后握在手中，又拉起她的双手，望着她，说："我爱你，阿洛西娅，我会忠实于你的。愿上帝保佑我们。"他拿起她的手指放在自己湿润的眼皮上。

就这样，莫扎特和心爱的女孩告别了。他天真地以为，自己的爱一定能够感动这位姑娘。在以后的日子里，他无时无刻不思念着她。

不过，事情的结局却并没有莫扎特想象的那么美好，几个月后，这位歌剧团的小演员已成为一个大明星，他们全家也搬到了慕尼黑。

历尽千辛万苦的莫扎特去慕尼黑寻找阿洛西娅，得到的结果却是，这位大明星已经和另一位名演员订婚。她已经不再需要莫扎特的帮助，当莫扎特再次出现在她的面前时，她几乎认不得他了。

在莫扎特的一生中，心底里始终珍藏着对阿洛西娅的那份情意，因为他永远忘不了自己纯洁的初恋。

在巴黎遭遇尴尬

1778年3月22日，经过了10天的密不透风的马车旅程，莫扎特和母亲来到了法国巴黎。

这座城市像莫扎特在童年来过的时候一样，仍然是热闹非凡，充满喧嚣。旧地重游，不禁勾起莫扎特对童年的回忆。

莫扎特同母亲住在城市一角的一家小旅馆里。这其实是一间昏暗的小阁楼，小得连莫扎特的钢琴都放不下。母亲对于这个城市是陌生的，她每天都待在那阴冷的房间里，好像坐牢一般。

巴黎的生活费用要比萨尔茨堡高得多，他们手里仅有的钱，只能用在食物、煤火和出租马车的开销上，钱袋越来越空。母亲省吃俭用，可又怕太苦了自己的孩子。穷困、孤独、郁闷沉重压在她的心头上。她唯一的指望是儿子能时来运转，找到一条好的出路。

此时的巴黎正处于法国大革命的前夜，莫扎特14年前见到的国王已经去世，他的王位由他的儿子路易十六代替。

这个年轻的国王并没有他的父亲路易十五有决策能力，他的王妃也把王冠当作一种装饰而不意味着责任，她甚至用当时很珍贵的大理石制成饲料桶，去让人给牲口喂食。这些宫廷贵族还认为如果用自己的双脚走路，那是一种不应有的耻辱。

莫扎特在这样的形势下出现在这样一些贵族面前，他的处境也是可想而知的。长期的演出生活，虽然也使莫扎特变得比较时髦，但是和那些巴黎的花花公子走在一起，人们就明显地感到莫扎特有些呆头呆脑、没有生气了。

对于刚到巴黎的生活，莫扎特在信里这样告诉父亲："感谢上帝，我过得还算凑合。可我经常感到我的生活没有节奏，也没有意义。我既不狂热，也不冷漠，我对什么事都高兴不起来。只有想到您，我最亲爱的爸爸，还有我的姐姐，你们都健康，想到我是个正直的德国人，想到即令我有时不说话，我至少还可以按我自己的念头去想，我才感到有了依靠、有了激励。”

为了在巴黎谋个好职位，父亲在临行前就为莫扎特准备好了巴黎从前老关系的介绍信。利奥波德在回信中告诉儿子让他首先去觐见国王殿下的妻子，那个在凡尔赛宫认识的小公主玛丽·安东奈特。

尽管小公主或许早就不记得这个曾经想要娶她为妻的男孩了，但计划周详的利奥波德认为，此时的安东奈特贵为皇后，只要她开口帮忙，莫扎特就一定能够前途无量。

不过，凡尔赛宫的黄金时代已经过去，年轻的路易十六今天迷上了别墅里心爱的机器，明天又欣赏起以前一直不加理睬的妻子来。玛丽·安东奈特在此之前的 7 年中一直过着轻浮的生活，因而也没有生育，现在她终于怀孕了。

利奥波德把法国小王子的诞生看作是儿子好运的到来，他立即给莫扎特写信说：“孩子出世的时候肯定会有盛大的庆祝活动，你就可以找些事干，挣上一笔钱。在这种情况下，一切都取决于王后的兴致。”

但事与愿违，莫扎特根本就没有去找王后，而是按照利奥波德先前的方针将希望放在了当年的格林先生的介绍信上。莫扎特首先去拜访了当年带给他创作灵感的泰塞伯爵夫人。

他怀着激动和思念的心情前往这位伯爵夫人的家。为了能让伯爵夫人保留对自己美好的印象，莫扎特特意请求母亲为他把衣服熨平，使自己能稍稍体面一些。

他被无比的欣喜和期待的心情所驱使，马车不大工夫便将他送到泰塞伯爵夫人的府第。他向听差说明了自己的来意，请他立即通报夫人。门差让他稍等，便转身向客厅走去。

莫扎特站在那里思绪万千，想象着夫人看到他时会是怎样的高兴。

然而，时间一秒一分地过去了，几乎整整地过去了一个小时！他站在门厅里冻得瑟瑟发抖，不停地搓手。后来，泰塞伯爵夫人总算进来了。她极其礼貌地向莫扎特致了问候，请莫扎特凑合着弹弹她的钢琴，说只有这一架还可以将就了。

莫扎特委婉地说："我非常乐意演奏，可是现在我弹不了，因为我的手都快冻僵了。"

他请求泰塞伯爵夫人让人领自己到一间生了火的屋子里去。随后，这位夫人就和一大批先生围着一张大桌子坐下，画起速写来了。

这下又害得莫扎特再次等了整整一个小时。门和窗户都大开着，这次不光是手，连莫扎特的全身和脚都冰凉了，他的头也开始痛了起来。屋里静寂无声，莫扎特冻得浑身发抖，头又痛，心烦意乱，真不知如何是好。最后，莫扎特在那架倒霉的破钢琴上弹了起来。

在弹奏时，让莫扎特感到生气的是，那位夫人和她的那帮绅士们一分钟也没有停止过画速写，因此他只好对着桌子、椅子和墙壁弹琴。

在这样可恨的情况之下，莫扎特再也忍不住了，他弹起了渔夫变奏曲。他只弹了一半，就站了起来。夫人和绅士们立刻回头对着莫扎特说了一大堆恭维的话。

莫扎特遗憾地说："这架钢琴实在弹不出水平来，如果能找到一架好一点的钢琴，那我一定很高兴改日再来。"

但伯爵夫人并不打算放莫扎特走。他还得再等半小时，见见她的丈夫。终于，她的丈夫回来了，坐在莫扎特的旁边，凝神听着。莫扎特再次弹奏起来，这时，他竟忘记了寒冷，忘记了头痛，竟把那架破钢琴弹得像他心情愉快时弹得那么好！

莫扎特之所以弹得这么投入，是因为他看见听者的认真。对他来说，如果听众对他弹的作品一窍不通，也没有要听懂的欲望的话，那么，就是给他全世界最好的钢琴，他也弹不出兴趣来！

从伯爵夫人家出来，莫扎特觉得委屈极了，因为不管他多么努力地弹奏，人家只是对他表示感谢，仅此而已。莫扎特真是失望透了，他第一次看见人世的炎凉、等级的森严。他感到自己单纯、赤诚的心受到极大的伤害，更感到自己前途渺茫。

在巴黎这样一个纸醉金迷、金钱万能的社会里，为了赚钱而表演的艺术家，他们的社会地位和供人使役的奴仆也相差无几，有谁能看重、珍惜一个年轻的作曲家呢？

忽然间，莫扎特感到自己成熟起来，他已经读懂了有关社会人生的这本大书。想想自己的处境，莫扎特沮丧地给父亲写了一封信。他在信中说：

好吧，我既然到了这里，就得为了您的缘故再忍耐下去。但如果到离开这里时还没有沾染上低级趣味，那我就要感谢全能的上帝了。

我每天都祈求上帝给我力量，使我能在这里坚强地熬下去，为整个日耳曼民族增光。首先祝上帝光辉永在，然后请他赐予我名望和金钱，使我能帮助您摆脱目前的窘境……

但我请求您，亲爱的爸爸，在这同时也尽您的最大努力让我去一趟意大利。经过这一段的苦熬之后，只有在那里我才能恢复生活的勇气。

收到信的利奥波德也为儿子担心起来，他感到还得由他自己出面，儿子的事情也许才会有些眉目。于是，他连夜写信给那个曾经很欣赏莫扎特的帕德尔·马尔蒂尼神父，要他为莫扎特谋个职位，如果没有可能的话，至少给莫扎特出些主意。

然而，这封信却如石沉大海，根本连个回信都没有。

莫扎特在巴黎已经感到无望了，为了求得生活来源，为了能养活妈妈，他已不再奢望有更好的出路，而是把希望寄托在能寻找到一个教课的地方，哪怕报酬低些，也比干等着要强。

一个偶然的机会，他和德·吉内公爵一家交上了朋友。德·吉内公爵的长笛吹得很不错，他女儿也弹得一手好竖琴。公爵让莫扎特教德·吉内小姐作曲。

刚开始时，由于她缺乏灵感，莫扎特经常发火，德·吉内公爵生气地责训他："你以为谁都有你那样的天赋吗?"

于是，莫扎特学了法国人的圆滑手腕说："我说她应该写一些她自己的东西，就写第一部分的旋律。"

德·吉内小姐想了足足 15 分钟，可什么也没写出来。

这时，莫扎特已经写了小步舞曲的头 4 个小节，然后他故意谦虚地说："你看我多笨！我刚开了一个小步舞曲的头，连第一部分都写不完。请你帮我写下去吧!"

莫扎特勉强地一门心思想带出一个高徒，但令人遗憾的是这位小姐的音乐素质极差，不久便嫁到外地去了。

后来，当莫扎特照例来上课时，侍从从口袋里掏出 3 个路易塞到他的手里。莫扎特觉得这些钱远远不够，他质问侍从："怎么，3 个路易？为什么比应得的报酬少了一半?"

侍从轻蔑地瞟了他一眼说："那您只好去问老爷了。可是老爷现在不在家。"说完转身便走。

莫扎特觉得受了莫大的侮辱，愤愤然地走在返回的路上。于是，他又失去了一项生活来源。

母亲不幸病逝

莫扎特很快又找到一份新的工作，是在凡尔赛宫当一个管风琴师，工资是一年 2000 弗罗林；条件很简单，只要一年中保证有 6 个月时间待在凡尔赛宫就可以了。

但莫扎特却认为这样的条件实在难以接受，他认为自己会因此失去足够的时间创作。这样考虑以后，莫扎特将这份工作推辞掉了。

利奥波德先生知道此事以后，认为儿子这次一定是疯了。他把担任这一职务的全部好处都用长长的单子罗列了出来，着急地寄给了莫扎特，希望儿子能够改变主意。

莫扎特一看见父亲的来信就感到烦透了，他以格林先生的意见为挡箭牌，他简短地回信说：

我向来不愿意去凡尔赛宫，我请教了格林男爵和其他最亲近的朋友，他们也都同意我的想法。工资太少。我得在那里浪费半年的时间，别的什么也挣不到。

我的才能也会被埋葬在那里，因为进了王宫就等于在巴黎销声匿迹了，况且又只当个管风琴师！我是很想找到一个好工作，但绝不能低于乐队指挥，而且工资要优厚。

利奥波德先生看到儿子至少还跟格林相处得不错，也就不再追究此事了。可谁料到，在这之后却发生了一件更可怕的事。

这天下午，天气炎热，莫扎特从格林家出来，回到旅馆，发现前一个星期就病倒过的母亲又躺在床上了。

莫扎特顿时忘了在阳光下行走的疲劳，扔下外衣，跪在妈妈床前。他拿起她的双手，觉得又烫又干燥。她呆呆地望着他，小声地说："我病得很厉害，沃尔夫冈。"

他把手贴在她的前额上，知道她发了高烧。莫扎特对母亲说："我去给你请医生。"

母亲打了一个寒战，虚弱地回答："不，我不要那些给人吃毒药的法国人给我看病，不要请医生。"说着，她又缓缓地念叨："我，会好的。"

莫扎特苦苦劝母亲看医生，可母亲连医生两个字都不愿听。

第二天，母亲的神情比前一天更疲乏了，可当莫扎特说要去请医生时，母亲还是不肯。最后，经不起莫扎特的反复劝说，母亲才答应等她的好心的邻居、德国人海因那来了以后再说。

海因那说是邻居，其实住得也不近，只是他也是德国人，经常来旅馆和安娜·玛丽亚聊聊天，海因那的妻子也经常陪着安娜·玛丽亚上街买些东西。莫扎特他们住在旅馆以后，海因那夫妇就成了安娜·玛丽亚唯一可信的伴侣。

然而，已经两天了，可海因那夫妇还没有出现，莫扎特看母亲病得实在厉害，就要请人来帮忙为母亲看病。可母亲总说要等海因那夫妇来为她找个德国医生，因为她实在不愿让法国人为自己看病。

第三天傍晚，海因那夫妇终于出现了。一看母亲病重的样子，海因那也不由得着急起来，他吩咐莫扎特用冷毛巾敷在妈妈的头上，然后关切地询问她感觉怎么样。

她莫名其妙地望着他，用手无力地拍了拍自己的耳朵，慢慢地摇了摇头。原来，她失聪了。

莫扎特的心狂跳起来，他用力地抓住母亲的双手，俯下身子，大声地在她耳边喊道："亲爱的妈妈，你听见海因那先生说话吗？你听见我说话吗？"

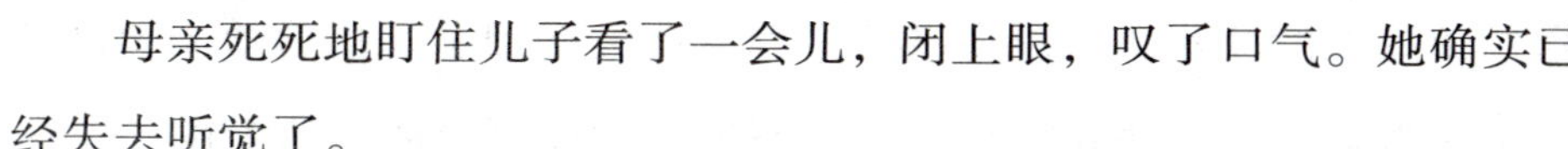

母亲死死地盯住儿子看了一会儿，闭上眼，叹了口气。她确实已经失去听觉了。

这时的莫扎特简直像失魂落魄一样，他只能在小小的屋子里不停地边走边祈祷。对他来说，除了不停地走动和不停地祈祷之外，他简直什么办法也没有。

他整夜地守在母亲的身旁，不时地给她喂水，为她翻身。他就在这样的情形下期待着第二天德国医生的到来。

海因那夫妇为他们请来了好几个医生也没能治好母亲的病，最后一个医生检查完了之后让莫扎特去请牧师。

当莫扎特请来牧师后，母亲已经陷入了痉挛状态，逐渐昏迷过去。他紧握着她的手，对她讲话，但她看不见他，也听不见他说话，好像什么都感觉不到了。

22 时 21 分，她离开了人世。痛苦万分的莫扎特深深地记下了这一天：1778 年 7 月 3 日。

莫扎特痛不欲生。世上只有母亲是最疼爱他的人，为了他，母亲饱尝艰辛，现在她走了，永远地走了。他为自己未能照顾好母亲而感到无比内疚。

莫扎特一个人陪伴在病故的母亲身旁，思前想后，悔恨不已。其实，母亲已经病了很久，可是她总是勉强地支撑着，不忍心让儿子觉察。儿子每天苦于为生活而奔波，她不愿再去加重他的负担。就这样，母亲的病，没有得到医治，才严重起来。

第二天，莫扎特从格林先生那里借了一笔钱安葬了母亲。丧事办完后，他感到无比的孤独和悲凉。

母亲去世后，莫扎特便只身一人在巴黎谋生了。他的脑子里一下子要考虑很多事情，他也一下子好像大了几岁，变得更懂事了。他迫切地想找到一个称心的职位在巴黎生活下去。

但莫扎特的保护人格林却觉得他已经没有必要留下来了，格林拐弯抹角地告诉莫扎特，他在巴黎是没有什么指望了。格林给利奥波德写了一封信，分析莫扎特在巴黎求职失败的原因。他在信中说：

他过于老实，不够活泼，太爱幻想，也太不懂成功之道了。在这里，一个人要想成功，就必须有手腕、有魄力、有勇气。

为他的前途着想，我真希望他即使只有他现在一半的天赋，也应有两倍于上面所说的那些品质。

果真如此，我也就可以省心一些了。总之，在巴黎，他的面前有两条路。一是教钢琴课，但不必太认真，得时时记得学生们往往认为老师都是半瓶醋；二是举办大型音乐会，但这一条目前也不现实。

我真怀疑，如果在巴黎四处奔波，他的身体是否能吃得消。再说，这么奔波肯定会妨碍他作曲，而他是说什么也不会放弃作曲的。他在作曲上能干得很漂亮，可惜大部分法国听众都对他一无所知。在这里，无名之辈是难以立足的。

因此，你的儿子要想干一番事业，困难重重啊！亲爱的先生，你应该了解，在一个卑鄙小人飞黄腾达的国度里，你的儿子根本吃不开。

我把真情如实地告诉你，并不是想使你烦恼，而是为了便于你选择最好的方案。遗憾的是，由于巴伐利亚的选帝侯去世，你的儿子回不成曼海姆了。

在事实面前，绝望了的利奥波德终于相信了格林信中的话，他再也不想让莫扎特在巴黎找工作了。在得知妻子已经病逝的消息后，他给儿子写信，要儿子尽快离开巴黎，返回萨尔茨堡。

莫扎特没有立即返乡，又在巴黎逗留了一段时间，原因是他手里还有两部已经答应为人谱写的作品尚未完成。

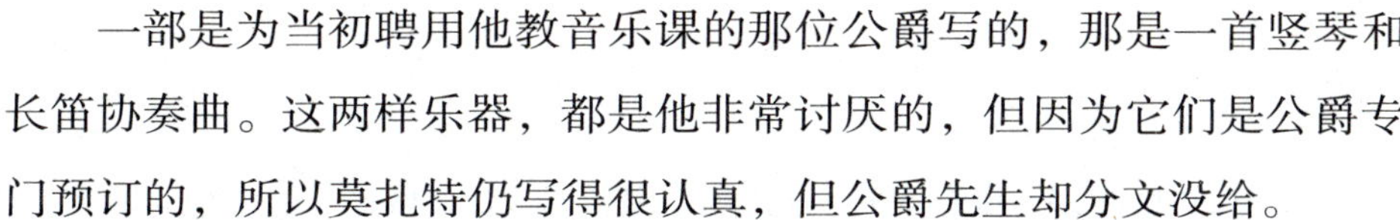

一部是为当初聘用他教音乐课的那位公爵写的，那是一首竖琴和长笛协奏曲。这两样乐器，都是他非常讨厌的，但因为它们是公爵专门预订的，所以莫扎特仍写得很认真，但公爵先生却分文没给。

另一部是巴黎音乐界的某一头面人物约他写的交响曲。这首交响曲曾在一次公开音乐会上演奏，使巴黎听众为之倾倒，产生了巨大的轰动效应。巴黎人为它感到自豪，并把它誉为《巴黎交响曲》。

在巴黎期间，莫扎特还完成了几部奏鸣曲。这些作品在整体构思、音乐语言的运用，以及艺术风格上都胜过他以前所写的作品。莫扎特的创作愈加成熟了。

但尽管这样，莫扎特留在巴黎的希望仍越来越渺茫。父亲急不可耐地接二连三给他写信，催他尽快回去。父亲告诉他大主教提议利奥波德填补教廷里另一个职务的空缺，而让莫扎特顶替父亲的副乐长职务，薪金是每年 500 弗罗林。利奥波德在信中说：

这样，我们每年就可以拿到正式薪金 1000 弗罗林了。现在一切都取决于你相不相信我的脑子还管用，相不相信我已为你找到了最好的工作，以及你到底是想在我活着时回来还是等我死了以后再回来！

大主教说，如果你想出去写歌剧，他将准许你请假外出。他解释道，去年没有同意我们请假的理由是他不愿意看着我们四处求乞！回到萨尔茨堡，你的位置就在慕尼黑、维也纳和意大利之间了。要是去了慕尼黑，设法签订一份谱写歌剧的合同也许不难，但要找工作就不好办了。你想想，那儿有德国作曲家吗？有几个呢？

这里宫廷的上上下下，包括亲王在内，都为你的阿洛西娅小姐所倾倒，大家急切地盼望听到她的演唱。要是他们肯听我的话，我就能使他们如愿以偿。这就需要你来为她讲情，因为这儿演歌剧正缺一位歌唱家。

利奥波德在信中暗示儿子自己已经接受这个叫作阿洛西娅的姑娘做自己的儿媳，如果可以，他甚至愿意儿子从异乡带回这个姑娘并立即为他们举行婚礼。可以想象，利奥波德先生为了要儿子回到自己的身边，不知做了多少努力。

面对父亲的劝说，莫扎特进退两难，心中十分烦闷。他渴望来巴黎，可是这里没有他的立足之地，回到大主教那里，未来的日子怎样度过呢？对此，他只好写信给他的一个朋友述说自己的苦闷。他在信中写道：

我的朋友，你一定了解，我是多么怀恨萨尔茨堡，这不仅是因为我所敬爱的父亲要我必须忍受许多不合理的对待，而是因为萨尔茨堡不是能让我发挥才能的地方。

第一，音乐工作者在此根本不受尊敬；第二，这个都市毫无诱人之处，没有歌剧院，没有剧团，即使想上演歌剧，又有谁能歌唱呢？

5个星期过去了，心烦意乱的莫扎特还没有离开巴黎。他住在格林家里，为了等还在刻版的5首钢琴奏鸣曲的报酬。

直到9月底，莫扎特还不打算马上离开巴黎。格林耍了个花招，为他买了回萨尔茨堡的票，莫扎特不得不离开了。

不过，莫扎特却并不急着回到故乡，而是慢悠悠地穿过德国，去慕尼黑寻找他的爱人阿洛西娅。

在那里，当他遭受了心上人的冷遇之后，他发出了一声痛苦的呐喊：我真想和母亲一起离去！她现在要比我幸福得多。

然后，莫扎特无可奈何地踏上了回家的路。

新歌剧首演成功

1779年1月，莫扎特回到了萨尔茨堡。虽然父亲余怒未息，但他还是热情地迎接了儿子，他流露出了垂老之年父亲的深厚感情。当莫扎特一出现，他就疾步地走向前，在拥抱到儿子的身躯时，却禁不住老泪纵横了。

利奥波德想说些什么，可一句话也说不出来，他不停地吞咽口水，不停地擦抹泪水，并不断地亲吻儿子。母亲去世虽然已经6个月了，现在，大家看见莫扎特回来，却少了个母亲，他们痛苦万分。

到家了，莫扎特再也无心去和家中的小动物们逗乐了，他只是默默地坐在餐桌边，等待着接下来的用餐。

佣人特蕾莎这次再也不像以往那样与莫扎特打闹，而只是把莫扎特喜欢吃的烤腌鸡等菜不断地端出来，莫扎特则是来者不拒，他虽然大口地吞嚼，却并不知道那味道的好坏，餐桌上除了杯盘碗碟的声响外，大家似乎都不知说什么好，也许无声就是这天餐桌上的主旋律。

第二天，莫扎特在父亲的陪同下来到了大主教的身边，他现在成为萨尔茨堡宫廷的正式雇员了。

任职当天，大主教就对莫扎特宣布了两条规定：第一，没有主教的允许，不得擅自离开萨尔茨堡；第二，没有主教允许，不得外出到任何地方演出。

从报到那天起，莫扎特就成了赫罗尼姆斯主教的仆人，每天清晨，莫扎特必须与仆人一起恭候在主教门前的走廊里等待分配一天的工作。

这样一来，他就得和他极其鄙视的那帮家伙在宫廷里的乐师饭桌上一同吃饭了。他们之中有荒淫无度的小提琴手布鲁奈蒂，有男唱女声的歌唱演员赛卡莱利，还有不少平庸的乐师。他们都非常愚蠢、粗鲁，他一见到这些人就感觉厌恶。

同桌的还有仆人、厨师和其他杂役。莫扎特从来没有感到如此屈辱。他根本没打算过要为赫罗尼姆斯长期干下去，而只想以此作为权宜之计，等待时机。要不是出于这种考虑，他早就陷入绝望的深渊里去了。

他和慕尼黑保持着紧密的联系，也时刻留心着其他地方招聘的消息。同时，他把该干的事都干了，而且还超了额。他写了大量宗教音乐和许多交响曲，还有一些钢琴作品。

当然，这些作品都是他自己弹奏。他也参加萨尔茨堡人通常的消遣和玩乐，但热情不高。在这期间，一个旅行剧团来到镇上，在剧院里演出了几场。莫扎特认识了这个剧团的导演埃尔·席卡奈德尔。

这个导演虽然很粗鲁，但却很有生意人的头脑，他看到莫扎特对音乐很内行，两人就一起尝试着创作一部东方情调的神话歌剧。这事虽然最终没能成功，但席卡奈德尔却与莫扎特结识了，后来他为莫扎特写作歌剧《魔笛》出了一份大力。

莫扎特一直渴望有机会写歌剧，但总是因为不适应赫罗尼姆斯主教的胃口而无法实现。当他已经不再抱有多大指望时，慕尼黑剧院突然写信邀请他为一次宫廷庆典写作一部歌剧。

原来，他在慕尼黑的朋友一直努力为他在选帝侯宫廷里寻找职位，这事虽然未成，但他们总是想方设法为他找一个能够出来碰碰运气的机会。因而，当他们听说宫廷庆典决定要写一部歌剧时，朋友们自然极力地推荐莫扎特。这是再好不过的主意了。

不过，莫扎特此次能否成行，还必须要大主教点头。

这天，赫罗尼姆斯大主教传令召见莫扎特。他身着制服、心神不安地走到他的主子跟前。

大主教居高临下地向莫扎特说：“你回去准备一下，明天到慕尼黑去！”接着，他又补充一句：“巴伐利亚选帝侯宫廷要你去写一部歌剧，剧名好像是叫《克莱塔之王伊多曼诺》。这你先不必管，到那里就全知道了。”

莫扎特听了喜出望外，因为这是一次公差，走的是官方程序。这样对莫扎特来说就不存在请假的问题了。

莫扎特刚要转身退出，大主教就故意地咳了一声，用命令的口吻说：“莫扎特，你可要听清，我赐给你 6 周时间，你要绝对服从。记住，就 6 周，一天也不能多。”

对大主教这种盛气凌人的语气，他早已多次领教。莫扎特每天都想报复他，可为了生存，他只好忍气吞声。

此时的莫扎特，为自己能得到这次美差而无比高兴。他对大主教的无礼根本无暇顾及。他在心里嘀咕着：“我什么时候回来，可就由不得你了。”莫扎特对大主教的为人看得一清二楚。别看他对自己的下属作威作福，可是在巴伐利亚选帝侯面前，他却服服帖帖。正是因为如此，他才会轻易就答应了选帝侯那边的要求。

1780 年秋，莫扎特一路受尽颠簸，疲惫不堪地带着歌剧脚本来到了慕尼黑。此时，慕尼黑有许多莫扎特最好的朋友，他们都是从曼海姆过来的。那个在欧洲首屈一指的曼海姆乐队也来到了慕尼黑。

因为他们的主人、选帝侯卡尔·特奥多尔此时兼任巴伐利亚和慕尼黑两地的选帝侯，莫扎特可以在这里和他的好朋友们相聚在一起。

不过，他还是没有忘记来此地的重要目的，当他稍作休息后，便以极大的热情投入了歌剧的创作。

莫扎特拿到的脚本是由瓦列斯科神父撰写的。剧本内容是讲克莱塔王伊多曼诺自从特洛伊战争凯旋之后非常高兴，然而在归国的海上却遇到了暴风雨。为了平息海神的愤怒，伊多曼诺发誓，如果平安登陆，他将杀死他所遇见的第一个人而献给海神。誓言过后，海上果然平静下来了。但是，当伊多曼诺上岸时，他遇到的第一个人却是前来迎接他的儿子。父亲当然不忍心亲手杀死儿子，他就设法蒙骗海神。海神发怒了，他让伊多曼诺成了疯子，最后伊多曼诺在疯狂中还是将儿子杀死了。

这一歌剧，是根据希腊传说中关于伊菲革涅亚的故事改编的。剧本的改编者是一个眼光狭窄、没有天才的人，因而内容十分枯燥，再加上脚本是从法文改写的，这就给莫扎特的创作增加了难度。

为了创作这部歌剧，莫扎特花费了巨大的精力，第一次显示出了他对歌剧艺术的精湛造诣和对于戏剧技巧及风格的自信。这表明，他认为自己首先是一个歌剧作曲家的观点是正确的。他详详细细地把关于总谱、宣叙调、配器、排练的一切情况都写信告诉了利奥波德。父亲仍旧不断地指点莫扎特，让他始终注意成名的机会。

莫扎特改编的新歌剧按意大利歌剧的习惯，以幸福圆满来结局，他让海神宽恕了伊多曼诺，他的儿子也成了海神的祭司。

为了让演出取得成功，在主人的邀请下，莫扎特还亲自参加了歌剧的排练。

这里的歌唱演员大多素养不高，男唱女声的歌手不仅唱得毫无生气，而且有的还唱走了调。对莫扎特在歌剧中所采用的新颖手法，他们一下子很不适应，反复要求修改原作。莫扎特不厌其烦地做着这一

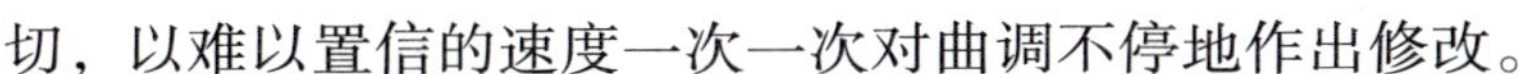

切，以难以置信的速度一次一次对曲调不停地作出修改。

1781 年 1 月 27 日，公演的日子终于到了。选帝侯宫廷剧场座无虚席。帷幕刚落，大厅里就响起了雷鸣般的掌声。观众们为这部新颖而独特的歌剧热烈欢呼。

此时，选帝侯卡尔·特奥多尔也把莫扎特唤来笑着对他说：“真是绝妙无比！谁能想到，在这样一个看来平凡的头脑里，竟隐藏着如此既美妙而又宏大的东西啊！”这位贵人给歌剧以很高的评价。

歌剧正式公演的那一天，正好又是莫扎特 25 岁的生日。他的一些合作者和朋友们把庆祝歌剧首演成功，同祝贺他的生日结合起来，大家开怀痛饮，热闹非常。莫扎特也无比兴奋，陶醉在胜利的欢乐之中。

《克莱塔之王伊多曼诺》是莫扎特创作生涯中一个重要的里程碑式的作品。这部作品的成功，第一次显示出莫扎待对歌剧艺术的高超造诣，表现出他把最歌剧化的手法用于器乐中去的艺术追求，从而实现了作为交响乐作曲家的莫扎特和作为戏剧家的莫扎特的完美融合。另外，他在音乐语言的戏剧化、音乐形象的个性化，以及对新的表现手法的探索上，都有重要的突破。对一直独占欧洲戏剧舞台的意大利正歌剧来说，这不能不说是一次十分有意义的革新。这部歌剧创作的成功，使莫扎特增强了他在歌剧艺术领域施展自己才华的勇气和信心。

这部作品是莫扎特创作的第一部正歌剧，也是直至今天还在上演的莫扎特最早的一部歌剧。

按理说，新歌剧首演成功，莫扎特就可以回萨尔茨堡了，但他却沉浸在成功的喜悦中，他和曼海姆乐队的指挥、他的密友克里斯蒂安·卡纳比希在一起就有无比的欣喜，所以，莫扎特就留在了慕尼黑。

与主教彻底决裂

1781 年 3 月 16 日，莫扎特抵达奥地利帝国首都维也纳。

他已经有 10 年没有来过这里了，最后一次离开还是在 1771 年夏天，父亲带他到这里来谋职未成。在那一次，莫扎特见到了约瑟夫·海顿，听了他的交响曲，并从此把海顿看作他真正的导师。

一年前，莫扎特在意大利写的最后一部歌剧《路齐奥·西拉》上演失败了。那时正好是他形成自己特点的关键时刻，而后，他又受到了海顿的影响，所以，这部歌剧的失败使莫扎特放弃了在意大利成名的念头，转而变为一个真正的德国作曲家，同时又带有意大利歌曲的风格和特色。

虽然莫扎特非常热爱意大利，在巴黎一事无成之后对意大利更加向往，但是，海顿音乐中生气勃勃的力量和浓郁的生活气息使他感觉到，只有在德国音乐里他才能取得辉煌的成就。

莫扎特能够来维也纳是有原因的。在这之前，他的大主教专横地发出了命令，要莫扎特立即从慕尼黑出发到这里来参加奥地利国王约瑟夫二世的加冕大典活动。

这一次，赫罗尼姆斯大主教故意没有带利奥波德去，而带着萨尔茨堡教廷乐队的其他乐师们，并要求莫扎特必须尽快赶到。

莫扎特觉得，这个机会总比回家弹奏教堂管风琴要有趣得多，就这样，他来到了首都维也纳。他从驿站出来，径直向驻首都的德国会馆走去。

大主教和他的随从们，已经先期到达这里。萨尔茨堡教廷内侍青年贵族阿尔科伯爵，正在这里尽心尽力地为大主教效劳。

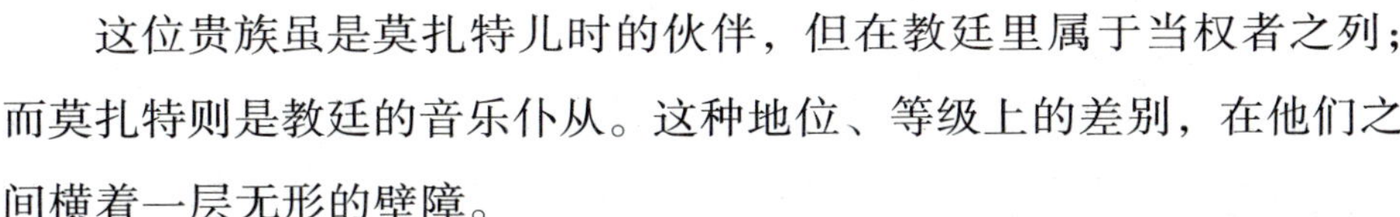

这位贵族虽是莫扎特儿时的伙伴，但在教廷里属于当权者之列；而莫扎特则是教廷的音乐仆从。这种地位、等级上的差别，在他们之间横着一层无形的壁障。

莫扎特到达会馆后，接待他的第一个人便是阿尔科。他对莫扎特的迟到很不高兴。第二天，他便居高临下地向莫扎特传达了大主教如下的几条禁令：

在公开场合必须穿萨尔茨堡教廷制服；不准私自外出开音乐会；对大主教要毕恭毕敬，不准称呼他为“大个儿穆夫提”，等等。

阿尔科说这些禁条的时候，显得很严肃，莫扎特差一点没有笑出声来；然而听到上述种种清规戒律，他又感到无比的气愤。他在心里想：“走着瞧！我一定要给主教大人一点颜色看看。”

安顿下来的莫扎特还没有忘记给父亲写信。他在信中写道：

我住了一套十分舒适的房间，和大主教在一栋楼里。布鲁奈蒂和卡莱利住在别处。

我们在将近中午时吃饭，可惜对我来说太早了一些。我们这一桌坐了两个不知名姓的仆役，管账的策蒂先生，造果脯的师傅；两个厨师；卡莱利和布鲁奈蒂，还有鄙人我自己！

注意，两个贴身男仆坐了首位，可我至少还有幸坐在两个厨师的上手！哎，我真不如回萨尔茨堡去呢。饭桌上常常有人说些粗鲁的笑话，可没我的份，因为我几乎不开腔，必要时也只是极为严肃地说上几句。我把我的那份饭吃完后，开步就走。没有晚餐。不过每人给了三个金币，这三个金币要维持很长时间呢！

我的大主教老爷是最仁慈的，他靠自己的侍仆们发家显耀，逼他们替他干活，还什么都不给！

莫扎特觉得自己在维也纳的生活简直可以说是糟糕透了，因为他来这里的连续两个月间，自己都以仆人的身份在大主教的随从中生活着。他虽然还没有向大主教提出什么，但他已明显地感到，他和大主教之间的决裂是不可避免的了。他一次又一次地父亲写信诉苦：

我们昨天4点就开始演奏音乐了，听众是至少20个最显赫的贵族。今天我们要去俄国大使戈里津王爵宅第；他昨天也在场。我现在得等着瞧瞧我能得到些什么。如果什么好处也没有，那我就去找大主教，干脆和他讲清楚，他要不准我另外去挣钱，就得付给我工资。我可不愿意再自己掏生活费了。

大主教手里有了我就觉得神气非凡呢！这么说一点儿都没有错。可这一切对我有什么用呢？靠神气活现是吃不饱肚子的！我敢肯定，他拼命想当一道屏风，不让别人看见我！

为了防止儿子跟大主教闹翻，利奥波德一个劲地写信，想平息莫扎特的满腔怒气。利奥波德知道，如果儿子这一次跟大主教闹翻，那将是彻底的闹翻，莫扎特也就再也不能回萨尔茨堡了。

这样一来，利奥波德也就当不成天才音乐家的经理人了。到那时，他就再也享受不到儿子的盛名了，也得不到那份荣耀了。他的雄心将会破灭，他自己也会从此湮没无闻。

尽管莫扎特始终感到决裂不可避免，他还是尽了最大努力防止它的提早到来。且不说他的天赋，就算是在其他方面，他也和那些为大主教演奏音乐的粗野之徒截然不同。

不久以后，他就和他们分道扬镳了。许多有钱有势的贵族都喜欢和莫扎特打交道，而他也来者不拒。

这里的原因是：其一，莫扎特从小就在宫廷和贵族中间周旋，他已应付自如，没有了通常音乐演奏者的拘谨和腼腆。其二，莫扎特的演奏和那帮粗野之徒的演奏有截然不同的韵味。其三，莫扎特不仅会说意大利语，而且会法语、德语，而且都讲得那样流利那么有当地口味，所以维也纳的贵族们感到与他在一起非常有意思。

特别是一位图恩伯爵夫人，更是每天一定要请莫扎特去她府上的贵族之一。

图恩是承袭了亡夫遗产的伯爵夫人，大名鼎鼎的奥地利波希米亚图恩家族的首领。她见识过人，以赞助音乐事业闻名于世。是她发现了挣扎在贫穷饥饿之中的海顿，把他解救出来，使他一举成名，后来得到了在匈牙利贵族埃斯特黑泽那里的职位。

此外，她还是维也纳与皇帝有着私人交情的少数几个女人之一。皇帝经常以朋友的身份到她的宅第去。

由于莫扎特经常在这些贵族面前出现，人们也喜欢他，所以当一个经常举办音乐会来资助音乐家遗孀的团体邀请莫扎特参加演出时，莫扎特毫不犹豫地答应了。

同时，莫扎特也认为大主教对这样的一种宗教性的好事，肯定是会支持的，而且这种演出是不付报酬的。然而，当莫扎特为此事向大主教请假时，大主教居然不允许莫扎特去演出。这事一传出去，维也纳所有的贵族人士都对赫罗尼姆斯群起而攻之。

然而，这个顽固的大主教仍然是我行我素。最后，俄国大使戈里津王爵亲自过问并干预了此事，大主教才算给了个面子。但他心里对莫扎特恨之入骨。为了报复高傲的大主教，音乐会那天，莫扎特还故意地为难了主教大人一番。

戈里津亲王宫外表朴素无华，内部却金碧辉煌。楼梯平台上盛装的传达恭候着贵宾，每当贵客驾到，就引领客人至大厅门口，并高声通报。

赫罗尼姆斯作为萨尔茨堡的显贵，也被以这种礼仪迎进了大客厅。这时大客厅里两三百人的座位，差不多已座无虚席了。贵妇们花团锦簇，老爷们衣冠楚楚。这里几乎聚集了全维也纳的社会名流。

晚会的演出即将开始，萨尔茨堡教廷的乐师们个个神色紧张，唯恐有一点差错。一切准备就绪，只等拉开帷幕。

这时，乐队总管在帷幕后面发出一声惊叫："坏了，莫扎特怎么还没来？"

随着这声惊叫，整个乐队慌成一团。最紧张的是教廷内侍阿尔科了，他怕莫扎特不出席演出，使萨尔茨堡教廷在维也纳出丑；而只有莫扎特出场，演出才能精彩。

阿尔科越想越心慌："莫扎特到哪里去了？他要真的不来，这台戏可就难唱了。"

一时间，客厅里也停止了种种高谈阔论，人们都把目光投向舞台。

大主教发现了莫扎特的诡计，也十分焦急不安。就在这一刹那，客厅门大开，这位年轻的作曲家昂首挺胸，穿过人群，径直步入前台。

来到舞台，莫扎特有意脱下萨尔茨堡教廷的制服，穿着华丽的宫廷服饰，头戴扑满香粉的假发，腰挂佩剑，神气十足。

在座的宾客们，人人都以惊讶的目光投向这位潇洒倜傥的乐队指挥。莫扎特站在自己的位置上，不失礼貌地慢慢转过身来，向众人鞠躬致敬。然后，他一举指挥棒，优雅、甜美的乐曲声响彻大厅，这是他谱写的一首 D 大调乐曲。

莫扎特站在众人之前，气度非凡，态度镇定，但他内心却有点不安。当一曲完毕，全场爆发出热烈的掌声。掌声经久不息，莫扎特只好再指挥了另外几首曲子。

莫扎特在晚会上那种桀骜不羁的举动，激怒了大主教，此后，大主教更加刻薄地对待他。莫扎特怎么也没想到大主教此后竟然会把自己当成他的贴身男仆使唤。那是他们之间决裂的最后导火线。

这之后的6个星期之内，他们又争吵过好多次，莫扎特忍无可忍，终于决定辞职。他几次求见大主教要递上自己的辞呈，然而，每次都遭到了大主教的拒绝。大主教根本不会去考虑一位地位低得如此可怜的人的什么要求。这使莫扎特更是怒火中烧。最后，莫扎特认为有必要去找一下大主教的宫廷内侍阿尔科伯爵，尽管他干了很多坏事。

莫扎特天性文雅，与当时的传统和社会都很合拍，但也有灵魂的孤独。他原以为去向内侍索讨工钱是很正常的一件事，但阿尔科伯爵却只给了莫扎特很少的一点报酬，他们为此还争吵了一场。

大主教闻声过来以后，凶狠地对莫扎特说："沃尔夫冈·阿玛多伊斯·莫扎特，你给我尽快滚出维也纳！"

莫扎特预感到这是他同大主教的最后一次较量，他再也不害怕面前的这个暴跳如雷的专制者了。他泰然自若地回了大主教一句："我可以离开这里，但要不要回萨尔茨堡教廷，这是我自己的事。"

大主教被他的话彻底激怒了，他疯狂地喊道："什么？你竟敢这样顶撞我？快给我滚蛋！"

莫扎特咬紧牙关，脸色苍白，浑身颤抖着，但他决不再委屈自己。他努力克制自己，镇静地回敬赫罗尼姆斯："主教大人，您这样出口伤人，不觉得有失您的身份吗？"

赫罗尼姆斯才不管这些，他气急败坏地狂叫："对于你们这类下等人，还说得上什么叫尊重？你是一个乐师，我提醒你！乐师不过是以特殊方式来伺候主人的奴仆！"

莫扎特忍无可忍，向大主教发出了抗议："我是乐师，不是奴仆！"

赫罗尼姆斯大叫着摇摇头说："听着，你是我雇用的，你必须一切都得听我的！如果你再要争吵的话，我就终止支付你所有的薪水。”

莫扎特感到这是对自己人格的莫大侮辱，他实在无法忍受，便大声地回击主教说：“既然这样！那么，请主教大人同意我的辞职！”

赫罗尼姆斯不敢相信地睁着大眼睛望着莫扎特，吼道：“什么，你想威胁我。门在那里，像你这样的狂人，我再也不想和你有什么关系了！”

莫扎特毫不示弱地回答：“我也同样不希望再与主教大人您有什么关系！”

主教大声咆哮起来：“你给我滚出去！”

阿尔科伯爵见状，飞奔过来，一脚把莫扎特踢出了屋子。

莫扎特一骨碌滚下了楼梯，他只觉得眼前一黑，就失去了知觉。这以后，莫扎特大病了一场。

许多年后，每当莫扎特想起这次受到的侮辱，心里就像火烧一样难受。

父亲知道儿子已走到这步，感到失望。他一个劲地写信叫儿子忍耐，想说服儿子向大主教低头，挽回他的乐师指挥的稳定职位。但莫扎特决心已定，这一次，他决定不再屈服了。

莫扎特拒绝了和赫罗尼姆斯的随员一起回萨尔茨堡。他准备迎接在前面等待着他的一切东西，贫困、饥饿和死亡，但是他再也不想放弃自己的自由，再也不想做任何人的奴仆了。

在奥地利，莫扎特是第一个敢于走这样大胆一步的作曲家。

莫扎特的青年时代就这样结束了。他终于摆脱了萨尔茨堡教廷的桎梏，冲出了窒息天才的牢笼，作出了勇敢的抉择。

他创作的成熟期即将开始，其时为 1781 年 6 月，正值盛夏。

定居首都

生活的苦难压不垮我。我心中的欢乐不是我自己的，我把欢乐注入音乐，为的是让全世界感到欢乐。

——莫扎特

再次坠入爱河

莫扎特从德国会馆走出之后，借住在他初恋情人阿洛西娅的娘家韦贝尔太太家里。

此时，阿洛西娅已经成了一个大明星，但她却不仅抛弃了莫扎特，还与自己的家庭彻底脱离了关系。早在一年前，她的父亲生病需要钱，而作为大明星的阿洛西娅居然没有拿出一分钱来帮助父亲，韦贝尔先生只能在大病中又生气了一场，最后含恨死去。

韦贝尔的妻子凯西莉妮带着全家在莫扎特之前来到维也纳定居。现在，她看到莫扎特有难，便邀请这位年轻人住在自己家里。

莫扎特在韦贝尔太太家里大病了一场，忽而说梦话，忽而陷入几乎是完全虚脱的状态。但是，他终于经受住了这一严重的生死考验。通过这场考验，他有自信将自己变成一个坚强的人。

在生病期间，韦贝尔太太的三女儿康施坦莎在莫扎特身边细心地照顾他，得到了他的好感。

康施坦莎今年 18 岁，是一个长得并不难看，可也说不上漂亮的姑娘。她聪明、善良、俭朴，自愿挑起了操持家务的担子。她也已经懂得了怎样才能吸引小伙子。

莫扎特越来越意识到自己爱上了康施坦莎。每晚，琴声成了他们喁喁的情语，他们情意绵绵地度过一个个美好的夜晚。

可是关于他的流言蜚语传到了他的父亲耳朵里时，他寄来一封信，狠狠地骂了莫扎特一顿。莫扎特尽管满不在乎，还是搬出了韦贝尔太太家。但谣言仍然越传越多，利奥波德接连给莫扎特写了好几封信，把每一个跟这件事有关的人都骂了个狗血淋头，骂得令人心寒。

最后，莫扎特再也忍不住了。他坐下来，把自己的所有想法都如实地告诉了父亲，并正大光明地讲清了自己的打算。他在信中这样写道：

亲爱的爸爸！您要我解释我上封信末尾的几句话，我想先保证有一些微薄的固定收入，因为在这儿临时抓钱很容易。然后，我要结婚！

……首先，我有着很强的宗教信念；其次，我很爱我的邻居，而且我非常正派、有良心，决不会去引诱一个纯洁的少女；最后，我对妓女极厌恶，对脏病又厌恶又害怕，并且很注意保护自己的身体，决不会去和妓女打交道。

因此，我可以向您发誓：我从来没有和那种女人有过任何联系；就算有过这种事，我也早就告诉您了。人免不了有错，偶尔犯一次过错也不是什么大事。不过，如果我走上了这条邪路，我也真不敢相信自己会失足一次就能自拔。我说的这些话全是真话，我可以拿我的生命担保。

我很清楚，这个理由还不足以使您信服。不过，我认为，由于我的性格和我喜欢宁静的家庭生活，不喜欢嬉笑吵闹的习惯，目前我最需要的还是一个贤惠的妻子！

可谁是我爱的人呢？还是请您不要担心，我求求您！不是韦贝尔小姐之一吗？是的，是韦贝尔小姐，不过既不是约瑟法，也不是索菲，而是中间的那个康施坦莎。

我还从来没见过哪一家人性格上的差异像她们这么大的。最大的是个不中用的胖丫头，背信弃义，根本靠不住。朗格夫人心眼很坏，假仁假义，而且老是卖弄风情。最小的那个，她还太小，什么也算不上，是个热情的小家伙，但很轻浮。

愿上帝保佑她不受引诱！中间的那个，我亲爱的好康施坦莎，和她们完全不一样。也许就是因为这个，她才那么善良、那么聪明。总之，她是她们中间最好的一个。她自愿挑起了管理全部家务的责任，可是她怎么干也听不到好话！

还有一件事必须告诉您，那就是在我辞职的时候，我还没有爱上她。只是当我住在她们家，受到她的亲切照顾和帮助时，我才对她产生了爱情。

正因为如此，我只希望能有一小笔固定收入，然后我将请求您允许我来拯救这个可怜的姑娘，也就是拯救与她休戚与共的我自己。我想还可以说，这样能使我们大家都得到快乐。

有了和康施坦莎结婚组织成一个家庭的愿望，莫扎特就开始拼命挣钱。他给一些贵妇和小姐们教授枯燥无味的音乐课。有时为了寻求雇主，他还不得不到处奔波。

他的身材矮小，体质很弱，但精力过人。他的劳动强度对任何一个体质稍差的人来讲，都是很难坚持的。从清早起，他便写东西，午前要去教课，晚上是演出，夜里又要伏案创作，一直写到手累得拿不起笔来为止。

一些音乐会倒成了他唯一休息的场所。在那里他可以得到暂时的休息，可以不用绞尽脑汁去创作，也可以摆脱那些烦乱的生活琐事和应酬。

父亲知道他的这种情况后，写信警告他说："这样紧张的工作，等于慢性自杀！"

但他必须开足马力，与时间赛跑。他整天忙碌，收入却很低微。他虽然摆脱了"奴仆"的处境，然而生活却十分清苦。

成功革新歌剧

日子一天天过去，莫扎特通过先前结交的那位图恩伯爵夫人，结识了几位社会名流和音乐界的重要人物。

这里有宫廷内侍罗森贝格伯爵、德国国家剧院经理小戈特利布·斯蒂凡尼，还有帝国副首相科伯茨尔伯爵，以及皇家图书馆馆长冯·斯维登男爵等。在这些人中，对莫扎特后来的生活和创作有直接影响的是德国国家剧院经理斯蒂凡尼。

莫扎特与这位剧院经理签订了一年的创作和举办音乐会的合同，这不仅使他能摆脱眼前的困境，而且为他在维也纳音乐界站住脚并施展其才华提供了有利的条件。

生活有了着落，他可以自由地驰骋在那个以音符和旋律组成的奇妙的精神世界里。他勤奋地创作，也精力充沛地活跃在音乐舞台上。他举行的公开音乐会获得了巨大的成功。有时他也出席露天的民众音乐会，为普通的市民演奏。

为了能听到他的歌曲，听众蜂拥而至。听众里有各阶层人士，其中有很多富裕的平民，他们喜欢莫扎特创作的歌曲，有些人不止一次地掏钱买票去欣赏他创作的美妙音乐。这使得莫扎特的音乐超越了贵族的圈子，而进入到广大市民中间，莫扎特从中也获得了新的更为丰富的艺术启示和创作的灵感。

一次，在图恩伯爵夫人家演出《克莱塔之王伊多曼诺》时，有人试探地向斯蒂凡尼谈起了创作一部新歌剧的事。斯蒂凡尼不久就把这项任务交给了莫扎特，他明确邀请他谱写这部德国歌剧。这部歌剧完成后将由德国剧团在国家歌剧院上演。

斯蒂凡尼打算利用最近在莱比锡上演的一部歌剧的脚本。他虽然不熟悉戏剧创作的知识，但他是真正的舞台实践家，是一位天才的喜剧演员，他了解观众的趣味和爱好。

这部新歌剧名叫《后宫诱逃》，脚本是用德文写的。剧情的大意是：西班牙贵公子贝尔蒙特探知他的未婚妻被囚禁在土耳其苏丹宫中，于是他便设法营救，但未成功。仁慈的土耳其苏丹赦免了他们，赐予他们以自由，一对有情人终成眷属。

剧本人物的描绘和富有个性的对话，为莫扎特的音乐创作提供了良好的基础。由于故事的背景是土耳其，而土耳其和俄国以及奥匈帝国之间激烈争霸，在过去的几十年中逐渐成了众所瞩目的对象，并被认为是个极富浪漫色彩的国家。

面对这一题材，莫扎特驰骋想象，自由地发挥了他对新歌剧创作的艺术构想。歌剧写得新颖、别致、活泼、抒情，既糅合了意大利滑稽歌剧中欢快、幽默的特点，又借鉴了法国歌剧的清新格调，但它同时又是一部能为德国人所喜闻乐见的真正德国式的歌剧作品。可以说它采撷众华，自成一格。

莫扎特在这部歌剧中自由发挥他的戏剧思想的权利，甚至被允许将剧中的女主角定名为康施坦莎。但由于种种原因，歌剧首场演出一再推迟，直到 1782 年 7 月 16 日才正式上演。

在公演的那天，维也纳国王约瑟夫二世还亲临剧场观看演出。莫扎特心中忐忑不安，他一遍又一遍地想：这部新歌剧的命运将会如何呢？听惯了意大利歌曲歌剧的维也纳观众，会接受这部新作吗？

帷幕渐渐降下，观众席里爆发出雷鸣般的掌声、喝彩声。观众们如醉如痴，向这位杰出的年轻作曲家欢呼。

莫扎特在荣誉席里，站在皇帝陛下的身旁，无比激动地向欣喜若狂的观众致意。约瑟夫二世陛下不顾自己尊贵的身份，也与观众一起，热情地为莫扎特鼓掌，并大声地发出感叹："太棒了！太棒了！"

约瑟夫二世是一个有相当修养的艺术鉴赏家，他转向莫扎特说：“《后宫诱逃》是一个成功的作品，我向您祝贺！不过，如果说有什么要批评的，那便是你的乐谱中所用的音符实在过多了。”

莫扎特听到皇帝陛下的赞誉，感到无比欣慰，但他对皇上的批评，却不同意地回答说：“不，陛下，一个音符也不多。”从莫扎特的话可以看出他的自信和耿直、率真的天性。因为不论在什么人面前，他都保持着自己的本色，他觉得在精神上人与人是一律平等的。

歌剧《后宫诱逃》接连演出了18场，场场满座。它的成功，使莫扎特名声大噪，同时也遭到维也纳戏剧界保守势力的敌视和围攻。

他们不仅在演出时组织人在剧场里喝倒彩、起哄，还动用舆论对莫扎特加以攻击和诋毁。他们嘲讽说：“莫扎特是一个出色的钢琴演出家，仅此而已。他为一部德语剧本写歌剧总谱，真是自不量力！”

他们指责说：“《后宫诱逃》土耳其式格调，德语歌词，不伦不类，简直是胡闹！”

他们预言：莫扎特必将在维也纳碰得头破血流！

所有这一切都指向莫扎特的歌剧革新，一时间，是非不明、黑白颠倒的议论险些把莫扎特淹没了。在这些反对派当中有两个最重要的人物，一个是意大利作曲家萨里埃利，另一个是威名赫赫、令人敬畏的评论家钦岑多夫。

萨里埃利为人世故，善于察言观色，处政手段圆滑。他从意大利来到维也纳不久，便能在阴谋四伏的帝国宫廷内应付自如，不仅站住了脚跟，并且十分得宠。他是横在莫扎特事业发展上的一个极其阴险的小人。

当然，莫扎特的支持者也是针锋相对，寸步不让。他们理直气壮地回答：“用德语唱歌剧，是革新，是进步，是爱国主义！”

但不管怎样，莫扎特以自己的创作实践，迈出了可喜的第一步。

莫扎特的勤奋与成功，使他在维也纳的名声与日俱增。歌剧的成功大大鼓舞了莫扎特，他开始考虑是否马上结婚。于是莫扎特不停地去信哀求父亲的同意，但是最后还是没得到准信。

原来，从利奥波德先生6岁带儿子到慕尼黑演出起，他就想让儿子能够步入上流社会，和贵族小姐联姻。而现在儿子居然要选择一个家境不如自己的小音乐家的女儿，他当然不能同意。

莫扎特不停地给父亲写信，但总是得不到父亲的支持，失望透顶的他终于在这一年的8月3日与康施坦莎举行了订婚仪式。婚礼在第二天，也就是8月4日，在维也纳的斯蒂芬教堂里举行。

然后，莫扎特给爸爸写了一封信，信中写道：

我就在上帝面前和我心爱的人订婚了。当时我想到您一定会同意的……正式宣布我们俩结为夫妇的时候，我们双双流下了眼泪……

我新认识的贵族朋友皇家图书馆馆长冯·斯维登男爵请大家吃了一顿晚饭作为结婚宴会。这个宴会远远超过了一般男爵家的排场，简直有王侯贵府的气派了。

几天后，莫扎特接到爸爸寄来的两封信。一封信里装着他勉强表示同意结婚的证明，字里行间充满了怒气；另一封信讲得一清二楚，他和他的儿子以及新娘在以后的经济上就此一刀两断。他没有说他永远不见他们，也没有说不准儿子再给他写信。但是，从信里可以看出，这位老人对儿子简直是失望极了，他意识到儿子终于挣脱了他的控制飞出去了，这令他痛苦万分。

而莫扎特呢？他却对未来充满信心，他对自己说："我的生活才刚刚开始！"此时的他还不知道自己未来的道路将是怎样艰辛。

婚姻中的创作

莫扎特和自己的新婚妻子在维也纳高桥路 387 号“绿林赤剑馆”二楼租了一间房子。

十多年前，他和父亲到维也纳，来时曾在这里住过。那一次他在这里大病了一场，他的第一部歌剧《装痴卖傻》也未能上演。

利奥波德在同意他们结婚的那封信里大发了一通牢骚，还讽刺地表示希望莫扎特结婚后不要继续跟自己的岳母韦贝尔太太一起住，更不要搬来和他们一起住，免得自寻烦恼。

莫扎特立刻回信，请父亲在住宿和钱的问题上都不必操心。然后，他也流露出了一些对父亲不相信自己能够独自生活的怨气。当然，莫扎特不知道，父亲的担心并不是完全没有道理的。

本来，莫扎特有才能又有了些积蓄，康施坦莎性情开朗活泼，两人共同生活，倒也很令人羡慕。然而，他们却又有着同样的弱点，有钱时大手大脚地花，办事没有条理，从不顾及将来，因此毫无积蓄。有钱上馆子，无钱找当铺，这便是莫扎特家庭生活的最真切的写照。

婚后的莫扎特仍不断地为人上课，还不断地创作新曲子。他的一首协奏曲，一定是在 6 个金币之上，因此，应该说，他挣得的钱并不算少。但是，莫扎特自幼不谙世事，因而每到生活中的难关他都束手无策。这样一来，当他们结婚还不到一年，他便陷进了债务的泥坑，以后再也未能挣扎出来。

在莫扎特 9 年的婚后生活中，他搬了 12 次家。他还离开维也纳出游了几次，因为别的地方成名的希望更大些。但每当他赚到钱时，他都喜欢将它们通通花掉。

人们时常把这些灾祸的大部分责任都归咎于康施坦莎身上。因为她是一个不会处理好家务事的妻子，她只是一个爱好歌唱的人，至于家务事，她没有一件能干得像样。

不过，一味地责备她的弱点也是不应该的，毕竟她和莫扎特一样，都是长不大的孩子。在她和莫扎特结婚的9年间，其中有6年是在生孩子或是在产后疗养中度过的。

康施坦莎虽然备受病魔摧残，但她讨厌吵架斗嘴、喜欢开朗活泼的性情依然未变。莫扎特爱的正是这些品质。虽然有种种不如意的地方，但莫扎特的音乐创作在结婚前后却发生了重大转折，这就为他写出最为不朽的作品奠定了基础。

在1783年的前5个月里，莫扎特写下了不少作品，有献给他从小就认识的一个滑稽大家、著名的圆号吹奏家洛伊盖布的圆号协奏曲，还有献给他初恋情人阿洛西娅的咏叹调，给男高音歌唱家阿达姆贝格尔的咏叹调，以及六首给海顿的四重奏中的第二首，还有D小调等作品。其中，莫扎特献给海顿的D小调是在他的妻子第一次分娩的情形下完成的。

那天是1783年6月17日，莫扎特又像平时那样到凌晨1时才睡下，可是刚过了迷迷糊糊的半个钟点，他就被妻子叫醒。

康施坦莎第一次分娩的阵痛已经开始了，莫扎特不知怎么回事，在妻子身边忙乱着、安慰着，想尽一切办法来照看她。

可是，到了4时，他不得不让人去叫他的岳母大人凯西莉妮·韦贝尔了。韦贝尔太太急急忙忙地赶到，立刻全权指挥起来。她叫莫扎特去请接生婆，接生婆一到，这里就没他的事了。

韦贝尔太太不准莫扎特老在床边转来转去，他想在过道里待一会儿，可当他听到妻子一阵阵难忍的叫喊，他又转到了屋里。

后来，莫扎特干脆拿起手稿，坐在妻子的身边写起曲谱来，那撕心欲裂的行板乐章，还有那一阵阵时起时伏的旋律，都随着妻子的呻

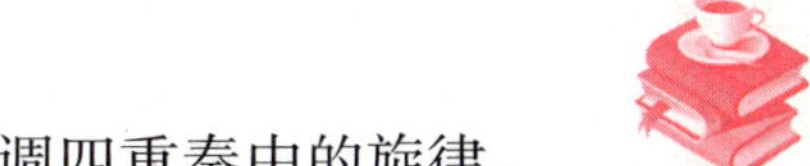

吟变成了莫扎特笔下的乐谱，这就是莫扎特 D 调四重奏中的旋律。

随着音乐的结束，一个蠕动着的小红肉球在韦贝尔太太的怀里了。看着妻子那种精疲力竭奄奄一息的神情，莫扎特感到一种无可奈何，他想：这孩子我一直主张应该由母亲的奶汁喂养的，可她那么虚弱，再让她喂养能行吗？莫扎特是真心希望妻子能把自己照料好，平安地度过坐月子这一关。然而，看着她乳房的情况，他有些担心她会得产褥热。

于是，他违反自己的本意，让人请来了奶妈。不过，后来，他又觉得让自己的孩子吃别人的奶是一件无法忍受的事，他便又打算让孩子喝着清水长大。

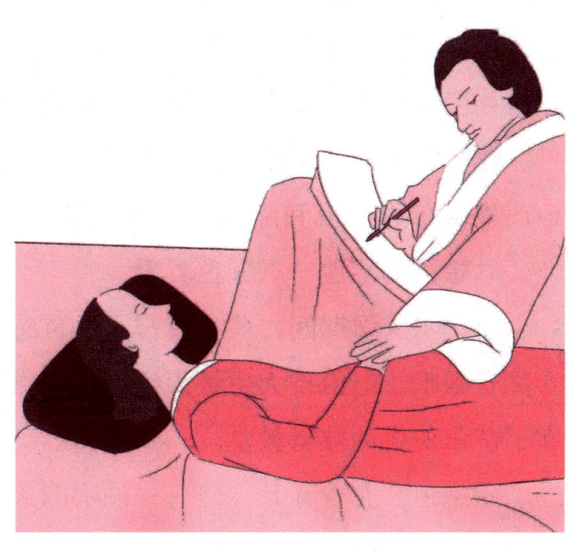

可是，接生婆和他的丈母娘，以及身边的大多数人都求他别这么做，因为有很多的婴儿死亡大多是饮水不当而引起的。

这样，到最后，莫扎特仍然把喂养孩子的任务交给了虚弱的妻子。

他们为这个孩子取名为赖蒙德·利奥波德，莫扎特的房东成为孩子的教父。不幸的是，夫妇俩辛辛苦苦地喂养了孩子两个月，到 8 月初的一天，这个孩子就一命归天了。

当时的人们还不懂得如何喂养初生的孩子，因此，这个孩子也许是死于疾病，也许是死于不讲卫生，或者是营养不良等其他原因。莫扎特的一生中经历过多次丧子的痛苦，这是第一次。

孩子死后不久，这对年轻夫妇开始打点行李，准备实现他们早就许下的诺言，到萨尔茨堡去看望父亲利奥波德。他们退掉了房子，托人看管家具什物，收拾好了行李就出发了。

家里一切如旧，但莫扎特再也找不到儿时欢乐气氛的痕迹了。姐姐玛丽安妮此时还没有出嫁，仍孤寂地陪伴着年老的父亲。利奥波德迎接他们时态度并不怎么热情。他心里本来就看不起康施坦莎，这使得莫扎特心里感到很不是滋味。

他把希望寄托在姐姐玛丽安妮身上，可她也学爸爸的样对他们以礼相待，但全无姐弟之间的亲热感情。康施坦莎不会讨人欢心，她不知道如何谋求这一家人的好感，也可能是她根本不在乎。

莫扎特还拜访了原来同他共事的一些乐师们，但他们也因相处异地而显得有些生疏和隔膜。大主教赫罗尼姆斯对莫扎特始终耿耿于怀，总想伺机给他一点颜色看看。

在萨尔茨堡期间，莫扎特写了一首感恩弥撒曲，由康施坦莎担任女高音独唱，但由于大主教拒绝他使用大教堂，莫扎特只好将演出换在了萨尔茨堡的彼得教堂。

康施坦莎有着和其二姐一样的唱歌天赋，这是她唯一的一次在公共场合演出，她的嗓音受到了当地人们的称赞。

尽管如此，莫扎特在家乡碰到的每一件事，都让他感到冷漠和悲凉。就这样，3 个月别别扭扭的时光过去了。临别时，康施坦莎想把莫扎特幼时外出旅行的东西带走，可父亲利奥波德坚决不肯。这也许是这一次莫扎特父子相见中最不愉快的一幕。

1783 年 10 月 27 日，小夫妻俩最终还是表示顺从了，但当驿车启动时，莫扎特夫妇对此事却怨恨不已，并表示再也不回萨尔茨堡了。

在返回维也纳的路上，莫扎特夫妻俩比度蜜月还要快活。到了林茨，旧地重游，不禁勾起了莫扎特对童年时代的回忆。他们拜访了老伯爵图恩，受到他的热情欢迎。

老伯爵图恩告诉莫扎特，波希米亚传来消息说，《后宫诱逃》在捷克共和国的首都布拉格大获成功。他请莫扎特在当地举行一次音乐会。

这当然是件再好不过的事了，因为这时的莫扎特已经是不名一文了。只是这次外出，他根本没有演出的打算，所以也就没带交响曲的总谱。

老伯爵提醒莫扎特说："那些谱子不都在你的脑子里吗？"

老伯爵的话使莫扎特大受启发。接下来，他一个人躲到清静的地方，4 天就写出了 C 大调《林茨》交响曲。

11 月 3 日，他亲自指挥演出，受到图恩伯爵和全镇居民的热烈欢迎。演完以后，莫扎特夫妇立即踏上了回家的旅程。现在，他们更觉得维也纳是他们的家了！

圣诞节前，他们又回到了心爱的维也纳。这一次，他们住的是格拉本街的特拉纳旅馆三楼。回家后莫扎特写出的第一部作品就是他所有典雅的钢琴曲中最柔美的一首，即由两架钢琴合奏的 C 小调赋格曲。

这首乐曲的主旋律是如此的吸引人，以至于连他自己都始终不能忘怀，4 年后他又把它改编成了一首弦乐四重奏。贝多芬曾经抄过这首乐曲的谱子。

这首赋格曲和感恩弥撒曲标志着莫扎特已经大大地提高了他的作品的感染力和优美典雅的风格。他的天才迸发出无比绚丽的火花的几年短暂而神奇的岁月很快就要到来了。

可是眼下，他还在忙于教课、编排即将到来的四旬斋音乐会的计划。他的妻子康施坦莎又怀孕了，他必须赚更多的钱先养家糊口。

演奏会上的奇迹

回到维也纳让莫扎特最高兴的事就是，皇帝约瑟夫对自己的德国歌剧团感到厌烦，他敕令大使在意大利为他组建一个第一流的永久性民族剧团。他要以这个剧团来取代维也纳宫廷剧院的德国剧团，为此，这位帝王不惜一切代价雇用最杰出的艺术家。

这样做对作曲家的影响是，意大利和德国作曲家中的佼佼者暗中结帮，进行着激烈的竞争。

一直对莫扎特心怀不轨的萨里埃利，除了他本人担任民族歌剧院首席指挥以外，在宫廷中任职的还有迪特斯·冯·迪特斯道夫、深受约瑟夫赏识的西班牙人马尔蒂尼，以及平庸之辈里吉尼等。

尽管本国作曲家的阵营里人才济济，但却没有能引起约瑟夫的重视。他们中间有霍夫麦斯特、阿尔雷希兹贝格和汪霍尔。那位著名的“法国”作曲家格鲁克即将退休；海顿则隐居乡下，躲在艾森施塔特的埃斯特黑泽亲王府里，只偶尔到首都来住上几天。除此之外，当然还有为了博取功名而勤奋工作的莫扎特。

然而，莫扎特的竞争者们总觉得他的威胁最大，因为他的天分实在太高了，他创作的乐曲中大胆创新的和声也太难以匹敌。他们怎么也听不懂他的音乐，总觉得其中有一种强烈的阴郁感。他们憎恨、害怕一切他们听不懂的东西。他的音乐的情调使他们感到不能对他等闲视之，他的旋律配合技巧叫他们听了发憷。

莫扎特希望此时的约瑟夫能够想起自己，但在萨里埃利的破坏下，他根本就不可能成为这个民族剧团中的一员。

莫扎特只好以教学生弹奏和作曲谋生。为了赚更多的钱，他想要

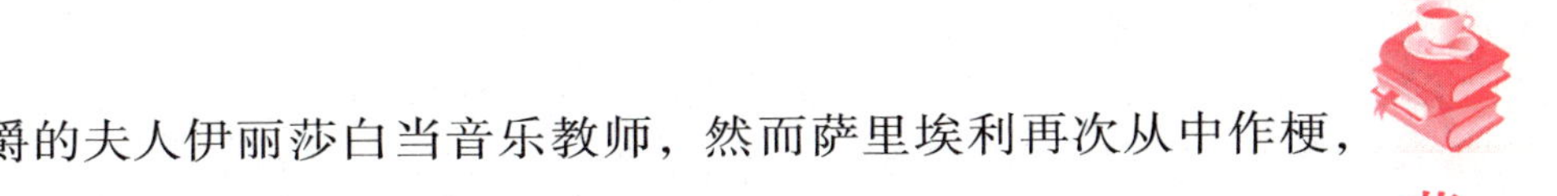

为大公爵的夫人伊丽莎白当音乐教师，然而萨里埃利再次从中作梗，使莫扎特没有得到这个职务。

萨里埃利非常忌妒莫扎特，以后不断使用各种诡计来阻止莫扎特成名。他一心想夺掉莫扎特的饭碗，又想抢走莫扎特为歌剧谱曲的生意。幸好，莫扎特还在给其他的权贵们介绍来的学生上课，使他整天都忙忙碌碌的。

不过，一个作曲家是无法单靠教课为生的，而且莫扎特也不愿意只为学生们教课。他一面等待皇帝赐给他一个好职位，一面忙于参加音乐会的演出和创作乐曲。莫扎特每次演出都要写几首新的奏鸣曲和协奏曲，因而他的钢琴曲大量产生的时期也就是他经常进行钢琴演奏的时期。

由于他的作品很多，但他又没有办法防止自己的作品被窃，因此，每当他外出旅行演出需要乐队伴奏时，他就得把乐队的全部总谱都带上；但他自己却只带一份极简要的钢琴曲谱，简略得谁也看不懂。凭着这有限的几个高、低音部分的音符，他就能靠记忆弹出整个协奏曲。当然，在演奏的时候，他总要加上一些突然闪现在脑子里的旋律，让音乐更加生动。

在这段日子里，莫扎特要在 5 个星期之内参加 21 场音乐会。为了这些音乐会，他还得写出一连串的作品。而每天只有 24 个小时，它对每个人都一视同仁。但是，超人的才智帮了莫扎特的大忙。

一次，在莫扎特的演奏会上，曾出现过这样的奇迹。莫扎特端坐在钢琴前，演奏一首降 B 调小提琴和钢琴奏鸣曲。这部奏鸣曲曲调很美，是他新近专为曼图亚的著名小提琴家雷吉娜·施特琳娜萨齐夫人创作的。

这两位大演奏家一个手持小提琴，一个驾驭钢琴键盘，他们用各自乐器的美妙语言奏出了一首动人的心曲，它时而激昂欢乐，时而悲怆惆怅，时而情意绵绵。两种乐器发出的乐声丝丝入扣，完美和谐，浑然一体。

台下，包括约瑟夫二世陛下在内的所有听众，都在凝神谛听，如醉如痴。莫扎特的手指灵巧地在琴键上弹跳，但从不看一眼端正地放在钢琴上的乐谱。谁也没有想到，在他面前的乐谱竟是一张空白的五线谱纸。

原来，直到演出前，莫扎特还没有来得及写完奏鸣曲的钢琴部分的乐曲。为此，莫扎特凭借超群的聪明睿智和炉火纯青的技巧，泰然自若地即席演奏着，并与著名小提琴家合奏得如此天衣无缝。

在这天的演奏会上，国王约瑟夫二世陛下首先发现了莫扎特的这个小秘密，他在演出结束时，故意让莫扎特拿来乐谱让他看。

当他看到莫扎特的空白纸时，他有种被欺骗的感觉，大声地嚷道："哼，你怎么又来这一套了？"

从小习惯于宫廷生活的莫扎特一点也不紧张，他鞠了一躬说："陛下，幸运的是，我没有漏掉一个音符，而且还弹出了几个变调。"

这一来，皇帝反而不说什么了。

约瑟夫由于死掉了两个妻子，所以对女人很少来往了，他只是很爱好音乐。那个假面舞会大厅里，除了水晶吊灯、四面装饰着巨大的镜子之外，锦缎窗帘和雅致的乐池也是人们所从未见过的。他每天只吃一个主菜：煮咸猪肉。

因为他特别喜欢这个菜，所以宫中便把这个菜称为"皇帝肉"。由于连续地丧妻，使得这位皇帝反而变得体察民情，甚至还愿意帮老百姓解决些困难。正是皇帝的这一情况，使莫扎特对着白纸演奏，他也没有怪罪。

不过，对于如此有才华的莫扎特，约瑟夫依然没有给他一个不错的职务，这令莫扎特非常失望。

辛苦养家糊口

1784年8月，莫扎特听说姐姐玛丽安妮将要和贝尔歇托德男爵结婚了，并将跟着他到离萨尔茨堡不远的圣尔吉根去。

莫扎特和妻子康施坦莎没有去参加婚礼，但他给姐姐写了一封长信，除了道喜之外，还提出了忠告。

玛丽安妮出嫁后，在圣尔吉根度过了漫长的一生，直到死前才又重新回到萨尔茨堡定居。

除了对姐姐的祝福，莫扎特还非常担心自己的父亲利奥波德。因为姐姐出嫁后，父亲就只剩下独自一个人了，他很想让爸爸退休，让利奥波德从大主教那里领退休金，安安静静地度过晚年。

一想到自己不能养育自己年迈的父亲，莫扎特就很内疚。因为他婚后的生活虽然愉快，但他却总是常常为了经济来源而发愁。

从这一年起，莫扎特开始有了记账的习惯，他在本子上记载了自己的每一笔收入，如给艾特伍德上课得了多少，给巴巴拉·普洛耶写了华丽的G调钢琴协奏曲得了多少，给音乐出版商阿尔塔里亚写了C小调钢琴奏鸣曲得了多少，考尼莎亲王举行音乐的报酬，以及齐契伯爵给了多少，等等。

这样看来，莫扎特其实并不算是一个穷人。然而，让他感到奇怪的是他的支出永远都比收入要高得多，如房租460盾、送给妻子的花1个克鲁策、仆人的佣金12个盾、宠物欧椋鸟34个克鲁策等。

正在莫扎特为了一笔笔费用发愁的时候，这年秋天，妻子又为他生下了第二个儿子卡尔。本来这个孩子应该在10月初分娩的，但他却早产了，生在了9月21日。

孩子的出生，使莫扎特岳母韦贝尔太太又忙碌起来。这次她还把小女儿索菲也请来帮忙。不久，在岳母的张罗下，家里又来了个奶妈和一个女仆。

面临着要养活这么大的一家人，莫扎特又开始忙碌起来。他立刻躲到墙角里，一张接一张地写出了乐谱：五首小步舞曲，六首乡村舞曲，两首穿插着乡村舞曲的小步舞曲。他没费多大的劲就把它们卖给了出版商，并顺利地得到了一笔钱。

可是，没有几天，莫扎特就发现，这么多的人紧紧张张地拥挤在自己的小房间里，简直是太痛苦了。他居然连练习钢琴的地方都找不到，因为他的钢琴上堆满了孩子的尿布！

莫扎特感到太痛苦了，他直接冲进了卧室，对妻子说："亲爱的，你看，我们的房间真是太小了。我觉得我们必须搬家！"

康施坦莎为丈夫的决定大吃一惊，要知道，她还在坐月子呢，怎么方便搬家呢？康施坦莎死活不同意。

于是，莫扎特俯下身子，突然捧起她的脸，然后在脖子上、脸上、身上不停地吻起来。

康施坦莎被吻得咯咯地大笑着，只好接受了丈夫的提议。

很快，他们又搬进了舒勒尔路 846 号的一层底楼。房子很大，莫扎特非常满意。

不过，搬家和租新房都要花钱，住进新家的莫扎特又创作了几部新的曲谱，有降 B 调钢琴协奏曲、有 C 小调钢琴奏鸣曲，还有 C 小调幻想曲等。这些作品使莫扎特又渡过了一次钱款上的难关。好在，莫扎特的这个二儿子在一大群人的照顾下幸运地活了下来。

有了这个可爱的孩子，作为爷爷的利奥波德先生自然是要来看看小孙子的。为了迎接父亲的到来，莫扎特急急忙忙地创作了一大批新作品来向父亲证明自己的勤奋和认真。

莫扎特准备在四旬斋期间举行音乐会，预购票的人数比以往都多，他的预约本上也排满了到贵族府第去开音乐会的日期。于是，莫扎特在父亲到来前又大赚了一笔。

第二年的2月10日，利奥波德按约来到了维也纳。

作为儿媳的康施坦莎尽管对公公当年的接待耿耿于怀，但此时仍然特意地为公公收拾了一间较舒适的房子，并在窗台下放了一张很好的写字桌。

利奥波德到达后的第二天，星期五，莫扎特在梅尔格鲁贝大厅里举行了6场预订音乐会的第一场演出。入场券票价为3个金币，可看全部6场演出。

在这天，莫扎特弹了一首新创作的协奏曲C小调。因为他前一天刚好去迎接父亲去了，所以连弹一遍回旋曲的时间都没有，而他这天的演出完全一半靠视谱，一半靠记忆弹了下来，并且弹得非常优美。

当音乐会结束前，他还即兴弹奏了终曲，对此，全场报以雷鸣般的掌声。

第二天，莫扎特又在歌剧院举行演出，为歌唱家莱斯齐小姐捐款。这次他弹的是搬家那天写的新作曲目降B调。利奥波德被安置在一个高级包厢里，能清楚地听到各种乐器的转调，他高兴得涌出了泪水。

这天，国王约瑟夫陛下也观看了演出，当莫扎特离开舞台的时候，约瑟夫取下帽子向他致意，并喊道："弹得好，莫扎特!"

莫扎特已经下了台，但鼓掌声、欢呼声仍然经久不息。

音乐会一结束，他们就急忙赶回舒勒尔路。莫扎特几个月来一直计划要请所有的好朋友来聚会一次，现在得以实现了。

这个聚会主要是为了向海顿赠送已经完成的四重奏曲，同时也对父亲利奥波德的到来表示欢迎。

可怜的利奥波德现在已经62岁，他老态龙钟，穿着他最好的丝绒外衣和缎子背心。他深陷的脸上布满皱纹，头上戴着一个老式的白色假发套。

莫扎特扶着海顿先生向父亲走来，利奥波德那冷漠的灰眼睛里立即闪出了愉快的光芒。这两位老先生亲切地谈起了莫扎特，利奥波德稍带点自矜的神色，海顿的语气中则充满了疼爱的真实感情。

利奥波德客气地对海顿说："你待他这么好，真谢谢你了。"

海顿英俊的紫铜色脸膛一下子开朗起来，嘴角一翘，漾出了热情的笑容。他那双黑色的大眼睛炯炯闪光，开口说道："我的老伙计，请上帝作证，并以我的名誉担保，在我所认识的或者听说过的作曲家中间，你的儿子是最出类拔萃的一个……"

利奥波德的眼睛模糊了，他挤到一张椅子上坐下，以便聆听儿子和朋友们准备好的三首四重奏。

这一次的聚会，演奏四重奏的成员是，第一小提琴海顿，第二小提琴迪特斯道夫，大提琴汪霍尔；莫扎特拉中音提琴。

其实，莫扎特一向是不太喜欢拉提琴，但在这样的四重奏演奏上，不管是在他家里还是在别处，只要缺一个人，或者别人特意请他拉，他都会欣然接受的。

这场演奏下来，作为音乐家的利奥波德不禁由衷地发出感叹："这真是一场群英会演奏啊！"

利奥波德一直在儿子家住到 4 月 25 日才重新回到萨尔茨堡。在这段日子里，他的儿媳康施坦莎尽了最大的努力来管理家务，这使利奥波德破天荒地说了她一次好话："我们这样的家庭要是找一个不好的媳妇，非穷得借债不可。而我的儿子现在至少在银行里有 2000 弗罗林，这真是不错呵！"

这是利奥波德先生转弯抹角说的好话。其实他真的不知道，儿子不过这几天才有些钱可以供家里人吃喝罢了，要是再早几天，可就没有这些吃喝了。

再度取得辉煌

1785 年冬季的一天，一位名叫罗伦佐·达·庞蒂的人来前来拜访莫扎特。

罗伦佐是意大利人，维也纳宫廷脚本的作者，第一流的戏剧诗人。他为莫扎特带来他正在改编的一部歌剧剧本的构想。莫扎特喜出望外。

原来，约瑟夫陛下自从成立了民族剧院后，莫扎特一直想写一部新歌剧，但因为剧院的主要负责人萨里埃利的重重阻挠使得莫扎特没有机会表现自己的这一特长。

莫扎特眼睁睁地看着萨里埃利等人为宫廷剧院写的平庸歌剧受到观众的鼓掌欢呼，心里真不是滋味。他的《后宫诱逃》虽然还在经常上演，但他知道，他现在如果再写一部歌剧的话，会比《后宫诱逃》强上百倍。

莫扎特亲热地接待了罗伦佐，并叫来女仆为他们打些热酒来。

罗伦佐喝了几大口热酒，一边用细亚麻布的手帕揩了揩嘴，一边从怀里掏出一个剧本，递给莫扎特说："喂！沃尔夫冈，这个剧本，听说了吗?"

罗伦佐为莫扎特带来的新歌剧剧本名叫《费加罗的婚礼》，它是根据法国作家博马舍的同名喜剧改编的。

这部作品写于 1778 年，第一次公演于 1784 年，正是法国资产阶级大革命爆发的前夜。作者在这部喜剧里描写了这样一个故事：

一个道貌岸然的伯爵追求自己妻子的女仆苏珊娜，而苏珊娜却钟爱着伯爵的仆人费加罗。在苏珊娜和男仆费加罗即将结婚之际，伯爵企图对她秘密行使曾经当众宣布放弃的封建贵族对侍女实施的夺取初夜的特权，使苏珊娜失去清白，破坏费加罗的婚事。

费加罗和未婚妻看出了伯爵的不良用心，于是在他们举行婚礼的那天，苏珊娜给伯爵送去一个纸条，约好晚上花园相会。当伯爵如期而至，做了许多亲热、轻浮的表示后，才发觉调情的对象竟是自己的妻子。

最后，喜剧在费加罗婚礼的狂欢中结束。因而，这部剧目又叫《狂欢的一日》。

该剧塑造了一个极力维护封建特权，而又道德沦丧的贵族典型。同时也生动地描绘了费加罗这个平民的形象，他不承认传统的制度，勇于维护自己做人的权利和荣誉，表现了平民向贵族特权地位的挑战。

故事里，费加罗针对伯爵的罪恶阴谋，愤怒地痛斥道："伯爵大人，因为您是位贵族，所以就认为自己是个天才？权贵、财富、阶级、影响力，这种种使一个人引以为傲！这么多的好处，您到底是怎么挣来的呢？您除了在走出娘胎时使了点力气之外，其他的却什么也没做。撇开这点，您不过是个平庸之人。然而，迷失在凡人群中的我，为了糊口所耗费的精力和脑力，恐怕要比过去数百年来治理整个西班牙的心力要多得多！"

这些话，表示了费加罗对贵族老爷极度的轻蔑，把这个阶级的特权从根本上加以否定。这位伯爵是封建权力的化身，费加罗对伯爵的胜利，实际上表现的正是老爷输给仆人，平民向封建专制者挑战的这一富有时代精神的主题。

当时，18世纪下半叶的法国，路易十六的封建王朝危机四伏，社会矛盾达到了空前尖锐的程度，封建旧制度全面崩溃的历史条件已经成熟。博马舍敏感地呼应了时代的脉搏，写出了这个喜剧。

这部戏剧，曾使法国宫廷为之震动。当法王路易十六读了这个剧本后，他惊呼道：“博马舍嘲笑国家中所有一切应该被尊敬的事物。这个剧本上演将产生危险影响，它会导致拆除巴士底狱！”

路易十六一再下令禁止它上演，还指使其弟弟匿名撰文加以攻击。博马舍也被送进了监狱。后来，在社会舆论的声援下他才恢复了自由。这部喜剧在被扣压6年之后，才第一次得到公演。

对于这个剧目，莫扎特当然早就听说了。只不过，这是一部反对当权社会制度的剧本，他觉得此戏能够在维也纳上演的概率实在太小了。

莫扎特匆匆看完剧目，感到一阵激动的电流透过全身。他跳了起来，但片刻，他又垂下头，叹了口气说道：“我太愿意干了。可是，唉，皇帝绝对不会允许我干的。”

罗伦佐往起一站，神气地挺了挺胸脯。“这个嘛，”他宣布道，“由我包了！”

莫扎特不相信地抬头望着他，说：“你真的这么想？你要为我去请求皇帝的许可吗？”

罗伦佐神秘地一笑，说道：“不，我们可以先把歌剧写出来，以后再考虑许可的事。”

莫扎特摇了摇头，他觉得这太不保险了，闹不好就会空忙一场。不过，他又一想，这可是一部歌剧，一个创作真正的歌剧的好机会！于是，他突然决定了：“好吧！我干！”

他刚说完，罗伦佐立即抬起酒杯，说道：“那么，为了我们合作愉快，干杯！”

“干杯！”莫扎特举起酒杯，在罗伦佐的杯子旁重重地一击。

接下来，莫扎特一边挣钱养家，一边抽空把《费加罗的婚礼》改成新颖的歌剧。

不久，莫扎特的两位朋友梅克伦堡和埃斯特黑泽去世了，他们的遗孀们要求莫扎特为其写一首追悼曲。由于这两位朋友是维也纳共济会的成员，莫扎特为他们创作了《共济会哀乐》。这首曲子充满了深沉而真挚的德意志民族感情，像他为共济会写的其他作品一样，是在恬静、典雅之中显出曲调的优美。

莫扎特正准备写这首曲子的时候，“音乐家遗孀及孤儿协会”计划举行一次音乐节，请他写一首大合唱。

他们要得很急，这使莫扎特很为难，他鼓起嘴巴，吹了声唿哨，用力地摇摇头说：“办不到，时间根本不够。”

音乐会负责人恳求着说：“哎呀，你一定能办到的，指挥先生。你什么都能办到！”

莫扎特思索了片刻，说道：“好吧，也许我能行。把歌词给我。”

莫扎特硬着头皮答应了下来，他在自己的手稿堆里仔细找了一阵，总算把一首本来要献给康施坦莎、但没有完成的 C 小调弥撒曲找出来了。

他抄下《慈悲经》和《荣耀经》的谱子，把《神圣的忏悔》的意大利文歌词填上。接着，他又从其他未完成的作品中抽出几部分来合在一起，还采用了笔记本里随手记下的几个旋律。

写完一看，这首大合唱有了 10 个段落，而且显得浑然一体，这使他自己都感到惊讶。全曲最后在气势磅礴的赋格大合唱中结束。莫扎特满意了，那些寡妇和孤儿们也感到非常满意。

在研究了幼时学过的意大利音乐规范和他自己在《克莱塔之王伊多曼诺》里采用的传统歌剧形式以后，莫扎特开始摸索一条通往崭新的歌剧概念的道路。如果把它概括成一句话，那就是要塑造人物性格。

通过长期的作曲，莫扎特对这条道路看得越来越清楚了。他知道，要把《费加罗的婚礼》这个歌剧写好，就必须打破仅仅写一连串动听的咏叹调的陈规，而顺利地完成这部作品就能把他的音乐高水平完整地表现出来。

可是他不能将所有的时间都用在这个新歌剧上面，为了糊口，他还必须不停地创作新的曲调。于是，他又杂七杂八地写了一些为音乐会演出用的作品，如一首钢琴四重奏、一首协奏曲、一首奏鸣曲，以及一两首大合唱等。

他在草稿本上画着，琢磨着。他常常从书架上取下博马舍的《费加罗的婚礼》坐在桌前翻阅。他时而抿嘴轻笑，时而咬住嘴唇，皱起眉头，用两只胳膊抱住那长了一头金发的脑袋。就这样，他断断续续地创作着一部崭新的歌剧。

新的一年又来了，莫扎特打算在春天来临的时候完成《费加罗的婚礼》。他知道，到了那时，维也纳会有一场盛大的音乐会，他可以到时候大显身手。然而，他还要不停地教课、作曲，忙得不可开交。

这年 2 月，莫扎特突然接到了一份皇帝签署的聘书，这使他大为惊讶。原来是荷兰总督到维也纳来进行访问，约瑟夫要在舍恩博隆宫里盛情款待他。同时他还打算在柑橘园里为客人演出几部短歌剧。

出人意料的是，他把受人鄙视的德国歌剧团也请去参加演出。作为德国人的皇帝，他考虑到有必要承认德国人的存在，便邀请莫扎特写一出短小的音乐滑稽剧。

这部滑稽剧的脚本是由莫扎特的朋友国家剧院经理斯蒂凡尼写成的，剧本名叫《剧院经理》。它描写的是一个村镇剧院的经理，在萨尔茨堡为一家新建的歌剧院组织剧团时碰到的种种艰辛。

对莫扎特来说，这出戏没有多大价值，也丝毫没有提高他作为一个歌剧作曲家在约瑟夫眼里的地位。不过它的序曲欢快、明朗，直到现代仍在演奏。

为了写一些小作品，莫扎特谱写《费加罗的婚礼》时经常被打断。除了上面的那出戏以外，这些小作品还包括两首戏剧性独唱曲和两部钢琴协奏曲。

那两部协奏曲是莫扎特为自己而作的，其中的第二部 C 小调带有激动的情绪，听来十分严峻、怪异，几乎有些粗暴。

比这些小干扰更使他心烦的是，在相对平静了一年半之后，妻子康施坦莎又怀孕了，孩子将在第二年的 8 月出生。

莫扎特立即和康施坦莎一起到斯蒂芬教堂做弥撒去了。他们为自己、为儿子卡尔，也为即将出世的婴儿祈祷，还为《费加罗的婚礼》祈求上帝保佑。因为，现在他还想要靠这部新歌剧挣点钱呢。

两个月后，莫扎特终于完成了这部歌剧。但是，摆在他和罗伦佐面前的难题是，怎么才能使这部歌剧上演。

一天，他们的好友韦茨拉男爵来通报了一个十分重要的消息：预定在本年度歌剧季节皇家剧院首场演出的那部歌剧被取消了。

韦茨拉是金融界的要人，维也纳上流社会的显贵。他非常赏识莫扎特的音乐天才，对他的作品有浓厚的兴趣。

韦茨拉带来的消息对莫扎特来说，真是天赐良机。不过他还不能高兴过早。因为那位对莫扎特恨之入骨的意大利作曲家萨里埃利手里也有一部已经定稿的脚本，正在请求谒见皇帝陛下以获得恩准，所以莫扎特与萨里埃利之间的这场较量还胜负难断。

韦茨拉决定帮助他们打通关节，抢先一步晋见皇帝。

这天，韦茨拉来到皇宫，一言不发地把《费加罗的婚礼》呈交给约瑟夫。皇帝陛下看完稿子，不可思议地说："什么？你难道不知道莫扎特只是个器乐曲方面的天才，而在歌剧方面只有过一部平庸的拙作吗？"

韦茨拉平静地回答："知道，陛下。可是，如果没有陛下您的恩赐，我在维也纳最多也只能写出一个剧本而已！"

约瑟夫点点头，若有所思地说："嗯，你说得很在理。可是，这部《费加罗的婚礼》是我刚下令不准在德国剧团上演的啊！"

韦茨拉立即解释说，他已经把所有容易引起反感的场面都删除了，还砍掉了一切"在可能由尊贵的陛下主持的演出中有辱视听的东西。”他毕恭毕敬地说：“陛下，这部歌剧所讽刺的只是那种伤风败俗的丑类。揭露这些，有益于道德教化，这自然有利于社会，有利于帝国。”

机灵的韦茨拉知道怎样去逢迎皇帝，他接着说：“陛下，您是最伟大的音乐鉴赏家。依本人愚见，这部歌剧的音乐极其优美，令人陶醉。”他想把皇帝的兴趣转移到音乐上，这样的话情况就会有转机。

听了韦茨拉的话，约瑟夫的脸上渐露喜色，他说：“那好吧！真是这样的话，我就相信你的音乐鉴赏力和你对道德标准的分辨能力。”

罗伦佐不禁露出了笑容，又赶紧抿住嘴。

之后，约瑟夫挥了挥手说：“那就把总谱交给抄写员吧！”

就这样，莫扎特的新歌剧《费加罗的婚礼》终于有机会上演了。

约瑟夫把这部歌剧指令给国家剧院演出，经理斯蒂凡尼集中人员安排排练。为了使演出取得好结果，约瑟夫殿下亲自指派了演出人员，他特别点到要著名的英国女歌唱家南希扮演苏珊娜。南希歌喉婉转，音域宽广，音质美妙无比。

《费加罗的婚礼》剧组演员阵容极强。这些演员都是当时活跃在歌剧舞台上的名角，除了南希这一名角，还有费加罗的扮演者、莫扎特的好友、著名的滑稽演员凯利·贝努齐，这位好友一个人扮演了两个角色。

《费加罗的婚礼》开始排练了。但一开始就遇到重重困难，这远比它的创作艰巨。主要的困难来自以萨里埃利、钦岑多夫为代表的一伙。他们极尽诋毁、捣乱之能事，甚至还串通了剧组的部分演员，怂恿他们故意出错，不是忘了台词，就是唱得离谱。为此，莫扎特多次大动肝火。

莫扎特心里清楚，这是一场严肃的较量，他决不能后退一步，决不能让这一凝聚大量心血的作品被这一伙毒蛇扼杀。他全力以赴，整日泡在剧场里亲自指挥排练。

1786年5月1日，《费加罗的婚礼》举行了首次公演。

本来，事情到此还算顺利，但让莫扎特没有想到的是，阴谋破坏活动还没有停止。第一幕开演不多久，事情就很明显了，由于萨里埃利等人的阴谋，半数演员在演出中故意出错，不是忘了台词，就是唱得无精打采。

在台下欣赏自己呕心之作的莫扎特心全凉了，汗水湿润了他的手心。康施坦莎坐在自己的座位上，脸色一下子变得煞白，心里为他感到痛苦。第一幕的幕布刚刚落下，莫扎特就一口气跑到皇帝的包厢里向殿下请罪。

看着莫扎特焦急不安的激动样子和可怜巴巴的面部表情，约瑟夫一边伸出手让他吻，一边轻轻地按了按他的手指，然后转向剧院经理斯蒂凡尼，用可怕的口气命令道："你去告诉那些演员，立刻停止捣乱，给我正正经经地唱好这部歌剧！否则，今晚全部滚蛋！"

斯蒂凡尼恭恭敬敬地退出了包厢，对演员们采取必要的措施去了。

幕布再次拉起，第二幕演得非常顺利。演员们发挥得都很出色。

贝努齐扮演的费加罗演唱的《不要再做情郎》，唱得充满激情，雄浑有力。剧中人物凯鲁比诺唱的那首《你们可知道，什么叫爱情》也扣人心弦。

伯爵夫人罗丝娜的扮演者也将《爱神，请听我的祈求》和《美妙的时光哪里去了》这两首咏叹调，唱得千回百转，沁人心脾。

特别是扮演苏珊娜的女高音歌唱家南希所唱的那首《新娘之歌》，唱得细腻婉转，柔情似水，令人无限陶醉。

这些成功的演唱，几乎每唱一段观众都要求再来一遍，使演出时间几乎延长了一倍。3个小时后，歌剧进入了尾声。

伯爵夫人终于宽恕了试图勾引她贴身女侍的伯爵。在一片欢声笑语中帷幕降落。

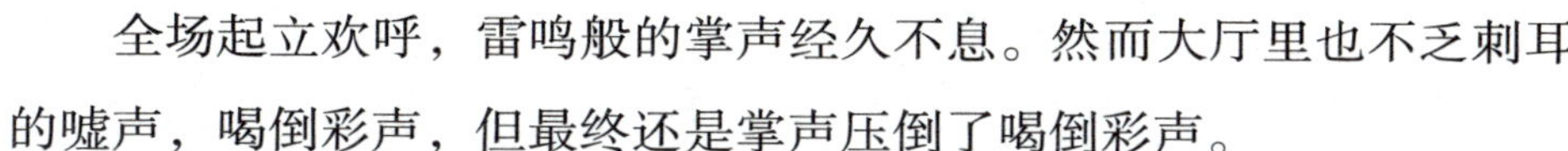

全场起立欢呼，雷鸣般的掌声经久不息。然而大厅里也不乏刺耳的嘘声，喝倒彩声，但最终还是掌声压倒了喝倒彩声。

莫扎特的新歌剧取得前所未有的圆满成功，他和罗伦佐终于得胜了。一直在幕后策划破坏活动的萨里埃利等，灰溜溜地退出了剧场。

剧中的重唱歌曲都赢得了雷鸣般的掌声和欢呼声。

莫扎特自己最喜欢的是第二幕里的六重唱：6 个人接连唱出一个比一个更优美的曲调，听了令人心醉神迷。6 个人物形象鲜明而生动地贯穿全曲，即使随便挑选 6 个歌唱演员演唱这首歌曲，也能给人们留下真实而深刻的印象。

正如罗伦佐所预料的那样，观众非常喜爱《狠心的人》。莫扎特一直认为他能够让演员脱离角色的束缚而表现出人物形象，现在看到自己这个最珍贵的艺术梦想实现了，他感到无比的喜悦。

约瑟夫是个很有眼光的音乐鉴赏家，他在观看演出时也鼓了掌，他在包厢里高喊：“好样的，莫扎特！”并向莫扎特祝贺地竖起大拇指。

莫扎特率领演员多次谢幕后，帷幕终于降下了。此时，莫扎特直接奔向女主角南希，拉起她发狂似的旋转起来，他无比激动地高喊着：“今天是我一生中最快活的日子！我真是太幸福了！”

他走到台下，与罗伦佐紧紧地拥抱在一起。巨大的胜利，使他激动得浑身发颤。他陷入无比的喜悦和欢快之中。

几次演出以后，这部歌剧就被束之高阁了。其他作曲家又拿出了他们的歌剧，但他们的那些作品都不能与优秀的《费加罗的婚礼》相提并论。

《费加罗的婚礼》成功演出的消息不胫而走，莫扎特的名字又一次地响遍维也纳全城。他的这一里程碑式的不朽之作，使得年轻的作曲家在自己人生的旅途中，再度辉煌。

布拉格之行

《费加罗的婚礼》在维也纳上演后的第二年初，莫扎特接到了布拉格寄来的几封信。

有一封信是图恩伯爵写来的。从信上看，《费加罗的婚礼》在布拉格红极一时。连续6个月，国家剧院几乎每天都公演这部歌剧，观众的热情达到了空前的高度，而且丝毫没有减退的迹象。

信上并且说，全城都对莫扎特崇拜得发狂，每天都有人打听是否能设法把作曲家请来访问。如果莫扎特肯去，他们一定给他以盛大的欢迎。

几天以后，莫扎特在萨尔茨堡时的一个老相识、钢琴家弗兰茨·杜舍克也以同样的语气写来一封信，还附上了一份乐队全体队员的请求。

莫扎特接到这些来信的时候，《费加罗的婚礼》在维也纳已经停演。他的几位英国朋友，女高音歌唱家南希，还有喜剧演员凯利等人，正准备返回英国。

“角儿靠戏活，戏也靠角儿抬，角儿都走了，还说什么戏呢！”想到这些，朋友们的即将离开让莫扎特的心里不禁感到凄楚和悲凉。

1787年冬，他的几位英国朋友终于告别了他回英国去了。

第二天，莫扎特偕同妻子也匆匆上路，北上布拉格。

有过多年旅行生涯的莫扎特，已经有3年多的时间局限在维也纳，他渴望环境的改变给他带来新的灵感和欢乐。再说他也实在太疲劳了，需要出来吸进一点新鲜空气。

这时正值1月，天寒地冻，路上覆盖着厚厚的积雪，天空显得格

外澄澈、高远，令人心旷神怡。

这次一出来，莫扎特仿佛变了个人似的，突然充满了抑制不住的兴奋情绪。他在自己的位置上坐立不安地跳动着，时而指给康施坦莎看那灰暗、阴冷的山峦和它们白雪皑皑的尖顶，时而沉浸在心满意足的幻想里。他不知不觉地收回了嘴唇，吹出隐约可以听见的小调。有时候，他坐得直挺挺地凝视着远方，苍白的脸上泛起了红晕。

康施坦莎知道他又在作曲了。他会突然伸手在门边上的挂兜里乱掏，抓出一张纸，连飞带舞地写下几行难以辨认的小字。

他总爱在身边带一些小块的五线谱纸，以便随时记下像这样零碎的几个音符。这些小纸片都小心地保存在一个箱子里，是他的一种特殊旅行日记。他似乎把这整个写作过程看得非常神圣，所以一碰上打断他的思路的事情，他就显得极不耐烦。

莫扎特凝神苦思了一阵，感到疲倦了，就转向康施坦莎，用只有他们自己才听得懂的怪词聊起天来："喂，莎布拉·庞法，出门上路真有意思，是不是？"

康施坦莎奇怪地问："你叫我什么，沃尔夫冈？"

莫扎特一本正经地说："莎布拉·庞法。这名字不错，至少也不比别的名字差！"

康施坦莎急得大喊大叫："啊！那怎么行?！你怎么可以给我随便改名字呢？"

莫扎特解释着说："可是，亲爱的，你不觉得这个名字真的很不错吗？"

他们就这么开心地聊着，似乎完全忘记了几个月前的丧子之痛。

莫扎特的第三个孩子诞生于1786年8月，他为这个孩子取名为约翰。可由于照顾不周，这个新生的婴儿仅仅活了一个月就夭折了。

在悲痛中，莫扎特用一部交响曲表达了自己的心情。

在这部交响曲里，他倾注了一种强烈而冷峻的感染力，这种感染力也贯穿于他后来写的三部交响曲中，在最后一部《奥林匹亚·朱庇特》里达到了顶点。在这一段日子里，他闭门谢客，独自思索起来。虽然这样的时间不长，但是他已经体会到，如果不去创作不朽的音乐，他的灵魂就会变得多么孤独和寂寞。

这部交响曲写成于他到布拉格的前一个月里，用的是他最喜欢的D大调。它没有以后的G小调交响曲那样悲怆的感情，没有降E调交响曲的那种纯净的安宁感，也没有《朱庇特》交响曲那种理性的威严。但是，它摒除了以前作品中典型的优哉游哉、令人陶醉的流畅旋律，进入了一个包含着深邃的思想和精神力量的新境界。

这部交响曲没有离开莫扎特的风格。他谱的曲向来都是以完美的技巧表现完美的旋律的。然而，这部曲目又超出了这一点，带上了预言的色彩。

莫扎特夫妇到达布拉格以后，受到图恩一家和杜舍克一家的盛情接待。他和夫人时而出入在图恩府邸，时而又欢聚在杜舍克的别墅里。

弗兰茨·杜舍克的夫人约瑟法是康施坦莎的大姐，她是一个很有造诣的歌唱家。在当时的欧洲，一般的音乐家能混上一处较稳定的住所就不错了，有别墅者简直是凤毛麟角。

杜舍克漂亮的别墅里经常聚集着欧洲一些著名的音乐家。莫扎特在这里生活得非常快活，感到好像回到了自己的家。莫扎特来到布拉格的消息不胫而走。一时间，这位年轻的作曲家成为炙手可热的新闻人物。

有的人是慕名而来，以求目睹艺术家的风采；有的是景仰他的天才，前来求教；有的达官贵人为了附庸风雅，前来请大作曲家到府邸演出；也有的剧团和音乐组织，派人前来预订乐曲；歌剧院乐队的乐师们前来则是为了敬请莫扎特能亲自指挥他们的演出。总之，莫扎特每天忙得不亦乐乎，恨不得有分身术。

一开始，莫扎特还不知道这里的人们对《费加罗的婚礼》喜爱到什么样的程度，但不久，他就发现这个城市的大街小巷，人们都在哼着歌剧中的乐曲，甚至连乞丐们在小酒馆的台阶上演奏的也都是这些曲子。

舞台上乐队演奏的大多也是莫扎特的乐曲，有的还被改编成不同的演奏形式，诸如钢琴独奏曲、二重奏、管乐小夜曲、弦乐四重奏、五重奏等。响遍大小舞厅的也是莫扎特的乐曲，人们随着他谱写的美妙的旋律翩翩起舞。

这里也许能用得上这样一句话，所谓“墙里开花墙外红”，为维也纳国家剧院写的东西，竟然会在布拉格产生如此巨大的轰动效应。可见真正美好的作品是属于全人类的。

对一个艺术家来说，他的最大幸福与欢乐，莫过于他的作品找到真正的知音，赢得众多的观众。此时的莫扎特正陶醉在这样的欣喜之中。他在给朋友的信里写道：

> 我没有跳舞，也没去调情。首先是因为我太累了，其次是因为我天生腼腆。可是，看着大厅里所有的人都洋溢着无比的欢乐，随着由我的《费加罗的婚礼》的音乐改编的乡村舞曲和德国舞曲翩翩起舞，我真是高兴极了。
>
> 在布拉格，他们谈论的唯一话题就是《费加罗的婚礼》！他们演奏的、唱的、哼的唯一曲调是《费加罗的婚礼》！卖座的情况没有一部歌剧能比上《费加罗的婚礼》，最受欢迎的总是《费加罗的婚礼》。这真使我感到无上光荣！

莫扎特明白，布拉格对他的呼声那么高，他要再待下去，就必须举行公开演出。他原先就料到可能要在这里举行音乐会，所以随身带来了一些新作品。

不久，莫扎特音乐会就在歌剧院隆重举行。

在音乐会上，年轻的作曲家莫扎特为了感谢布拉格人的盛情，演奏的第一支乐曲，就是他刚踏上布拉格土地便开始构思的那首乐曲，后来被称为《布拉格交响曲》。

这部交响曲以令人振奋的优美旋律，进入到一个包含着深邃的思想和精神力量的新境界，受到了听众如醉如狂的欢迎。接着，莫扎特又演奏了几部协奏曲，剧院里不时响起一阵阵激烈的掌声。

最后，舞台上只剩下莫扎特一个人和一架钢琴了。他即兴弹奏一首幻想曲。这首乐曲弹了半个小时，听众狂热地欢呼鼓掌，使他不得不再演奏一首即兴曲。

曲终之后，全场掌声雷动，整个场内有节奏地响起了“莫——扎——特！莫——扎——特！”的欢呼声。莫扎特再次走到舞台中间给大家鞠躬感谢，直到他第三次坐下来，掌声才平息下来。

整个剧院的人都屏住了呼吸，等待着莫扎特继续弹奏的第一个音符。突然有人高喊了一声：“《费加罗的婚礼》选曲！”随后，全场观众也都异口同声地一起响应。

莫扎特再次起身向观众鞠了一躬，开始弹奏《费加罗的婚礼》中的著名乐段《不要再做情郎》。他以它作为主题，弹出 12 套难度很高的即兴变奏。观众脚下踏着节拍，与年轻的作曲家的弹奏融为一体。

这次晚会在无法形容的狂热激情中结束，剧院经理邦蒂尼赶过来紧紧地拥抱了莫扎特，全场观众像着了魔一样狂热地欢呼着。

莫扎特激动地说：“你们波希米亚人完全理解我的感情，为此我一定要为波希米亚人写一部他们自己的歌剧。”

邦蒂尼一听，乐得大叫：“真的吗？一千遍的欢呼！上帝祝福你，莫扎特！大师万岁！”他们当场签订了下一个演出合同。

这位经理高兴得手舞足蹈。要知道，他在布拉格的意大利剧院在临近破产的时候上演了莫扎特的《费加罗的婚礼》，从那以后，他的剧院场场满座，人们都把他当作是给全城人带来欢乐的人，而邦蒂尼自己也认为莫扎特是他的幸运天使。因此，现在能够和这位伟大的作曲家签约真让他感到三生有幸。

邦蒂尼立即给莫扎特 100 个金币作为定金，他们约定由莫扎特负责选择题材，安排人创作脚本，然后谱写总谱。而邦蒂尼呢，他仅仅要的是一部歌剧，只要莫扎特答应下来，他就觉得是莫大的荣幸了。

莫扎特在布拉格的赞美声中度过了终生难忘的一段美好的时光。

这种辉煌，他在童年时期也曾经有过，但那时他不过是一个满足人们的好奇心、供人玩赏的角色而已。而今天，人们欣赏的是他高超的艺术创造，他是作为一个伟大的艺术家而令人钦佩的，这种荣誉让他很满足。

莫扎特一回到维也纳的家里，就产生了与布拉格的欢乐气氛完全不同的感受。他在布拉格第一次尝到了被一个城市里的人们所崇拜的滋味。现在，他只要想一想维也纳的音乐界是多么愚昧，皇帝又不识真才，一味吝啬，竟使小人得志，他就坠入了冷漠忧郁的深渊。这种心境让他非常难受。

接待贝多芬

莫扎特回到维也纳不久，就拜见了好友罗伦佐。罗伦佐作为宫廷戏剧脚本的作家，此时正忙得一点空闲的时间都没有，因为宫廷剧院的负责人萨里埃利等人正要求他完成两个剧本。

不过，当他听说他和莫扎特合作的作品在布拉格大获成功时，他也无比兴奋。莫扎特又告诉罗伦佐，自己在布拉格还与邦蒂尼经理合作了一部新歌剧，想请罗伦佐帮忙。

尽管罗伦佐自己已经忙得不可开交了，但只要是莫扎特需要的新脚本，他总是非常乐意接受。他很快高兴地答复说："让我仔细想想，想出了好题材我会来亲自找你。"

3 天后，罗伦佐敲响了莫扎特家的门。他一进门，就大声地对莫扎特喊道："沃尔夫冈，有好消息啦！来看看我为你选的题材。"

莫扎特立刻把这个好朋友迎进来，接过稿子一看，原来是法国作家莫里哀的《唐·璜》。

莫里哀笔下的《唐·璜》，写了一个恶贯满盈的贵族，他挥霍无度，荒淫无耻，杀人害命，无恶不作。最后，被他杀死骑士的墓前石像显灵邀他赴宴，他去后身遭雷击，大地裂开，他陷进了地狱。这一场，表达了作者对贵族阶级的愤怒讨伐。

莫扎特非常喜欢这部作品，当他翻看完了罗伦佐拿来的脚本，便立即说道："太好了，就是它了！"

莫扎特一边激动地握着罗伦佐的手，一边说："又是法国的喜剧作品！法国人写喜剧，我们把它改成歌剧，哈哈，这真是个好主意！"

罗伦佐看他高兴的样子，接着说："法国人的思想，到德国人这

里就变成了旋律，有趣，真有趣!”

同上次合作的情况一样，两位艺术家一边修饰脚本，一边谱曲。脚本的情节，激发起作曲家的乐思；作曲家的旋律又启发着戏剧诗人的想象。莫扎特和罗伦佐完全沉浸在愉快的创作活动中。

不过，这次的创作和上次一样，莫扎特也经历了重重困难，首先是他的妻子第四次怀孕了。当然，这或许对每一位父亲来说都应该是一件好事，但对经济一直处于紧张状态的莫扎特一家来说，无疑又给莫扎特增添了一份忧虑。

紧接着，这一年的5月28日，莫扎特又得到了父亲利奥波德去世的消息。为了纪念父亲，莫扎特在痛苦中写出了几首动人的歌曲，其中包括令人心驰神往的《致克罗埃》和《深夜的奥秘》等作品。

但尽管如此，莫扎特的心情还是不能从失去亲人的悲痛中缓和过来。朋友们看到他一天比一天消瘦，就建议他搬到芳草路的一栋带花园的别墅里。

莫扎特欣然同意了。可当他搬进新家没有几天，他最喜爱的那只宠物欧椋鸟在一天清晨无故地死去。他为这只死鸟举行了一个动人的小仪式，然后在院子里把欧椋鸟掩埋了，并且在它的小墓碑上写了一首诗。接二连三的打击让莫扎特伤心不已，他甚至感觉自己的生命也将归去。这期间，他在给他的人生导师海顿的信中这样写道：

每次我躺到床上时，我都会这样想：虽然我还很年轻，但我很可能永远也看不到明天了……

正当莫扎特满脑子充满了死亡、灵魂等缥缈念头的时候，一位远道而来的年轻人来拜访他了。这位客人是个也已成名的钢琴家，他从德国波恩来到维也纳的目的之一就是要见见莫扎特。这位青年的名字叫路德维希·凡·贝多芬。他当年只有17岁，可他那张神情忧郁的宽脸盘和一头蓬乱的棕色头发使他看上去要老成得多。

贝多芬愁容满面，动作也显得有些神经质。莫扎特请他弹琴，他挑选了主人写的一首协奏曲。他弹得很出色，但毫无生气，以致使作为主人的莫扎特的精力怎么也集中不到他的演奏上去。

这天，莫扎特比平时更显得焦躁不安，东坐一会儿，西坐一会儿，手脚也停不下来。贝多芬进来时，他正在和几位朋友安静地交谈。谈话被打断了，他让朋友们待在隔壁房间里，自己过来听这个年轻人弹琴。

贝多芬注意到莫扎特有点心不在焉，但又不甘心就这么一无所获地离去，他便请莫扎特给他一个即兴发挥的主题。

莫扎特站起身，无精打采地走到钢琴前，显得很不耐烦；而贝多芬呢，站在他所崇敬的大师面前也依然愁眉不展。此时，他们两人都各有心事，莫扎特是因为失去了亲人，而贝多芬的母亲也正处于奄奄一息的地步。

贝多芬接过莫扎特给的主题，开始即兴弹奏。而莫扎特自己却跑到隔壁的房间继续和朋友们聊天。然而，顿时，一股粗犷有力，犹如狂风暴雨似的音乐洪流滚滚而来，震撼了整个客厅。

莫扎特不由自主地跑回到钢琴旁。作为伟大的音乐家，莫扎特对于音乐的感悟力是非凡的，他从这个年轻人的琴声中听到了无穷的创造力和灵感。

当一曲完毕后，莫扎特站了起来，重新回到隔壁房间的门口。他的朋友们都挤在那间屋子里面，他们刚才都在神情惊异地默默倾听着。莫扎特非常严肃地对自己的朋友们说："注意这个年轻人，有一天他会震动世界的。"

莫扎特的话没有错，多年以后，这位年轻人真的成了世界上又一位音乐大师。

不知疲倦地创作

莫扎特是在 1787 年 7 月突然生病的，最初是莫名其妙地发起了高烧，后来病菌入侵到了他的肾里，莫扎特整天不得不躺在病床上。

自从一年前完成歌剧《费加罗的婚礼》之后，莫扎特的身体就越来越差，再加上当时的人们普遍不注意生活卫生，所以便导致了他病情的加重。

朋友们为他介绍了一位名叫西格蒙德·巴里萨尼的医生。这位医生医术高明，在他的精心治疗下，莫扎特的病恢复得很快，到 8 月初的时候，他就能够坐起来了。

病情一得到缓解，莫扎特就又开始动笔创作了，他把自己在生病期间构思成熟的《弦乐小夜曲》写了下来。这首《弦乐小夜曲》由两把小提琴、一把中提琴、一把大提琴和一把低音提琴演奏，曲调异常典雅、优美。大病稍好的莫扎特在完成了《弦乐小夜曲》后，突然意识到生活的美好，他极力地想要尽快恢复健康，以便投入到新歌剧的创作中。

在西格蒙德医生的帮助下，莫扎特的状态一天比一天好，到了他能随意各处行走的时候，他的妻子康施坦莎也逐渐从怀孕初期的强烈不适情况里恢复过来了。

他们俩和朋友戈特弗里德父子一起在植物园里漫步。

戈特弗里德的父亲雅坎是奥地利植物学家，自从莫扎特在维也纳定居后，他们便成了很好的朋友。

年迈的雅坎教授指点着树木和鸟类，莫扎特抬起清癯苍白的脸和深陷的眼睛注视着。他依然面带病容，但精神已经比先前好得多了。

恰好，他的新歌剧又有了新的发展。

几天前，布拉格剧院经理邦蒂尼写信来说，他们打算在10月公演《唐·璜》。

莫扎特立即托人将此事转告了罗伦佐。罗伦佐答应在一个月以内写完脚本，并陪莫扎特亲自到布拉格去帮助对歌唱演员的指导和训练。此时已是8月中旬了。

由于有了这个令人兴奋的好消息，莫扎特很快恢复了他正常的体力。现在，一大早康施坦莎躺在床上就能听见他一边梳洗一边哼着小曲，脚跟来回踢跳，把水溅得到处都是。

她对他说话，可他听不见。她微微一笑，知道自己的丈夫又在开始认真作曲了。康施坦莎了解莫扎特，工作越是庞大，他的兴趣就越浓厚。

显然莫扎特自己很喜欢《唐·璜》，可他在和戈特弗里德谈起这部歌剧时却仍这样说："不错，我是在为邦蒂尼和布拉格的人民写这部歌剧，因此，可以说我主要还是为了我自己和我的朋友们。"

戈特弗里德明白，一部非凡的杰作已经在望了。他帮助莫扎特安排好了他们外出期间莫扎特儿子卡尔的寄宿。莫扎特夫妇随时准备动身去布拉格。

随着天气逐渐凉爽，莫扎特夫妇的身体大有好转，心情也舒畅起来了。莫扎特兴高采烈，仿佛已经完全忘掉了前段时间中连续不断的烦恼。这些烦恼虽然他能够暂时忘了，但他还是没有真正阻止自己的生命在它短促的行程上迅疾地奔向尽头。

在这一年中，产生的作品使它成了莫扎特一生中最为难忘的一年；这些作品成就极高，这就为这一年立下了不朽的纪念碑。其中有一首尤为出类拔萃，那就是用了两把中提琴的G小调五重奏。

这首五重奏使后来的人们瞥见了莫扎特的心灵，它庄严地概述总结了他的一生，并预言了他自己的结局。

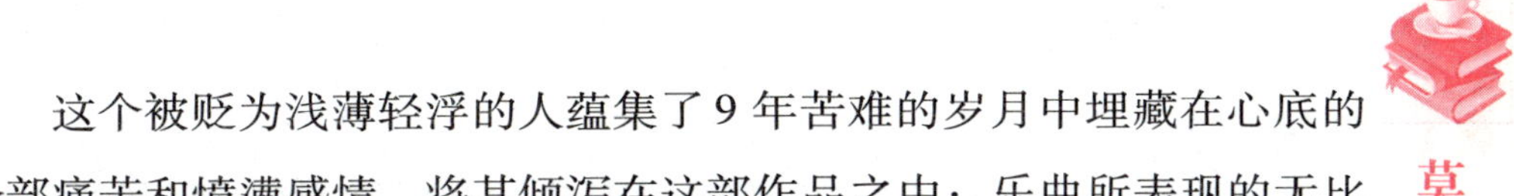

这个被贬为浅薄轻浮的人蕴集了9年苦难的岁月中埋藏在心底的全部痛苦和愤懑感情，将其倾泻在这部作品之中；乐曲所表现的无比真实的思想感情，使它具有了永久的生命力。

莫扎特同样以强烈的激情作为这部作品的基调，并使它贯穿全曲。这就再好不过地说明了这一点：他日常生活之所以缺乏这样的激情，是因为他把它献给了音乐。

9月的时候，莫扎特带着妻子，在罗伦佐的陪同下，再次赶到布拉格。

排练进行得十分顺利，因为有经理邦蒂尼直接出面张罗。他可是从莫扎特身上捞到油水而大发其财的一个人，尽管作曲家本人一贫如洗。

这里的演员班底同当年在维也纳演出《费加罗的婚礼》时的演员阵容无法相比，这一情景不禁使莫扎特又思念起自己的英国朋友来。不过这里的乐队还不错，这使他感到满意。

不过，这里又遇到一点小麻烦。当排练进行到一半的时候，罗伦佐接到维也纳宫廷剧院萨里埃利寄来的一封怒气冲冲的信，命令他必须回去完成宫廷剧院的那两个脚本。

罗伦佐厌恶地承认：不回去是不行的，他看不成《唐·璜》的首场公演了。更糟糕的是，他的脚本还差一个场面没写完。为了弥补这个过错，罗伦佐找来了他在布拉格的朋友卡萨诺瓦来帮忙。

卡萨诺瓦是布拉格的一家贵族的图书管理员，他非常擅长写作，并出版过几部文学作品，但他为了生存不得不在那个贵族手下干活。

卡萨诺瓦顺利地完成了罗伦佐给他分配的任务。他为第二幕的这些剧情写了一些巧舌如簧的台词，这些台词给了莫扎特灵感，莫扎特用G大调为这整场戏配上了生动、滑稽的音乐。

经过邦蒂尼经理和莫扎特等人的研究，决定《唐·璜》于10月29日首演。可就在首演的前一天，莫扎特为《唐·璜》写的序曲还没有完成。

邦蒂尼和卡萨诺瓦都逼着莫扎特赶快写，但因为莫扎特这段时间都在连续地为这部新歌剧作曲，实在是太疲倦了。

而如果让他睡一觉的话，那么明天的公演就得推迟，那可不行！

于是，莫扎特叫妻子为自己准备了些甜酒，他喝完提提神，就坐在桌前拼命地写了起来。为了不使自己睡着，他把妻子叫到旁边说："来，亲爱的，紧挨着我坐下。我瞌睡得要命，真不知道怎么样才能不睡过去。就坐这儿，康施坦莎，看在上帝的份上，别让我睡着。要跟我说话，亲爱的，要不就念几句诗，念别的什么也行。"

说着，他一把拉过妻子的手，深深地吻了一下。于是，康施坦莎坐了下来，开始给他讲愚蠢可笑的故事，就像妈妈给孩子讲故事一样侃侃而谈，态度十分认真。

莫扎特则刷刷地写下行板乐章凝重而奇特的和声部分。整个序曲都完美无缺地储存在他的记忆里，就像总谱的其余部分一样。就这样，莫扎特在妻子的督促下，一点一点地把序曲"挤"出来了。当他把最后一个音符写完时，他的下巴突然垂到了胸前，已经睡着了。

康施坦莎只好把他放倒在睡椅上，然后拿起乐谱赶快去叫抄写员抄乐谱。而这时，布拉格热情的观众，已经陆陆续续地从四面八方涌向歌剧院了，因为天就快要亮了。

传世之作问世

1787 年 10 月 29 日，莫扎特的新歌剧《唐·璜》在布拉格大剧院首次公演。这天一大早，布拉格歌剧院门前热闹非凡。

一辆辆马车驶出大街上的王宅贵府，隆隆地拐进狭小的广场，来到专供包厢观众进出的大门前。马车上坐满了花团锦簇、珠光宝气的小姐和贵妇们，她们高耸的云鬓上插着花朵和白鸳羽毛，鲜艳夺目；陪伴她们的绅士们身着天鹅绒外衣，腰挎镶着宝石的佩剑，光华闪闪，风度翩翩。

普普通通的市民们也打扮得干干净净、整整齐齐地来到剧院，涌入正厅和楼座。

甚至还有一群群来自肮脏、拥挤的破屋陋室的穷老百姓。他们虽然贫苦，但却是真正的波希米亚人，为了听一听他们自己的新歌剧，他们成群结队地掏出身上仅有的几个钱币，买一张入场券，只要求能走进剧院，有个地方能站，哪怕是站在最后的墙角也让他们心甘情愿。

靠近舞台的一个包厢留给了支持莫扎特的朋友们。这个包厢里坐着善良的约瑟法·杜舍克和图恩伯爵夫人，他们俩中间是康施坦莎；过去曾聚在莫扎特周围、使他工作的那几个星期充满了少有的愉快气氛的其他朋友们也都坐在里面。

大家一起等待着这场激动人心的演出，他们每个人的脸上都挂着笑脸。

剧院大厅灯火辉煌，观众济济一堂。早上 7 时过几分，乐队队员鱼贯而入，各自就座。帷幕拉开，观众席里鸦雀无声。

当杂役把墨迹未干的序曲一一分发给乐队队员以后，舞台边上的一扇小门打开了，一个矮小的身影出现了。这时，追光灯大亮，只见莫扎特头上冒着汗水，脸色苍白，手里拿着一根指挥棒出来了。

一时间，全场立刻响起了雷鸣般的掌声，多少人的呼吸也为之急促了。

经久不息的掌声使莫扎特再三地向观众鞠躬，但每鞠一次躬，观众的掌声又掀起一阵巨浪，直到莫扎特鞠到第八次躬时，他久久地没伸直身子，掌声才渐渐地平息了。

然后，序曲的第一个和弦飘进了布拉格人紧张期待着的耳膜里。随后，乐曲转入了 D 大调，又从舞台乐池飘到了剧场的每一个角落。

剧情伴随着乐曲徐徐展开。当舞台上无恶不作的唐璜给予侠义的骑士致命一击时，骑士悲痛地唱道："来人啊，救我命！杀人凶手置我死地，我的灵魂正离开躯体。"说完，骑士颓然倒下。

随后是一首三重奏飘然响起，萦绕在寂静的剧场大厅里，人们为这妙不可言的乐曲激动不已。

当幽灵出现时，那《骑士》乐曲有如从阴间传来，接着，那狂风骤雨般一连串小调半音阶的交替出现，表现了地狱中吞噬一切的烈焰和被打入地狱者的哀号。这音乐，使台上台下的人产生了一个共鸣，这使剧情的发展更水到渠成了。

每一幕结束时，观众们都热烈地鼓掌，并有节奏地呼喊着作曲家的名字："莫——扎——特！莫——扎——特！"欢呼声越过大厅，响彻夜空。

歌剧演出临近终场，那个被杀死的骑士的墓前的石像显灵，要唐璜痛改前非。但玩世不恭的唐璜反而与石像唇枪舌剑，并妄图与之搏斗。突然，大地裂开，唐璜惨叫着陷入地狱。此时，全剧终曲缓缓响起。

当全剧的最后一个强音结束时，场内竟一下子寂静了几分钟。然

后，那剧院里描有金色花纹的白墙突然苏醒了，它把排山倒海的掌声、叫喊声和欢呼声推到了整个剧场里，喊叫声又渐渐变成了“大师万岁，大师万岁”的欢呼声。

这欢呼声落在舞台上，又成了一束束的鲜花。莫扎特只得不停地向观众挥手、鼓掌、鞠躬，然后再是鞠躬、鼓掌、挥手，如此反复，无法停止。

最后，莫扎特把一束鲜花按在了胸前，对全体演员表示感谢；然后，又让全体演员站在台上，感谢观众给予《唐·璜》的掌声。莫扎特热泪盈眶地说了一句肺腑之言：“布拉格人才是我真正的知音！”

莫扎特又一次成功地赢得了广大的观众。莫扎特在场的朋友约瑟法·杜舍克和图恩伯爵夫人都围了上来，祝贺他的成功。康施坦莎也过来了，她激动地拥抱着丈夫，几乎要跳起来。

《唐·璜》取得如此巨大的胜利，出乎他们的意料。至于它成为音乐史上一部具有不朽的艺术生命力的世代名作，这就更不是他们当时所能想象的了。

《唐·璜》在布拉格大获成功的消息，很快就传到了维也纳皇宫。刚巧在这个时候宫廷作曲家格鲁克去世了。

格鲁克留下的空缺由谁来补？莫扎特行吗？这个问题提到了皇帝约瑟夫二世的面前。

其实，这位君主对莫扎特的才能，是很器重的。他曾听过莫扎特作品的演奏会。不过，也有人在皇帝面前对这位作曲家进过谗言。约瑟夫二世到底还不是一个昏君，他还是委任莫扎特担任了宫廷作曲家的职务。

约瑟夫二世立即吩咐人给远在布拉格的莫扎特写信，要求这位作曲家尽快回来任职。

罗伦佐最先得到这个喜讯，他马不停蹄地赶到布拉格去接莫扎特。

能在维也纳宫廷里谋得这样一个稳定的工作，莫扎特已经盼望了多年，现在终于成为现实，让他高兴不已。当他从自己的好友嘴里亲耳听说之后，莫扎特简直想要抱着罗伦佐狂吻。

莫扎特并没有立即返回维也纳，因为此时的他还答应了妻子的姐姐约瑟法为她作一首新的咏叹调。莫扎特和妻子两次来布拉格，都受到姐姐一家热情的接待，于情于理他都应该满足这个大姐。

莫扎特为她创作了一首《美丽的爱情》。这首曲目演唱技巧很艰难，但约瑟法却唱得非常不错。当莫扎特把歌谱交到她手里时，他们长时间地紧紧拥抱在一起。

莫扎特夫妇一直留恋着布拉格不愿意走，但后来实在不能再拖了，因为康施坦莎的孩子还剩几个星期就要出生了，再不走，到路上就可能会发生意外。于是，他们在 11 月中旬回到了维也纳。

他们在离霍夫堡宫不远的图希洛本街 281 号住了下来。这间屋子坐落在一条肮脏、狭窄的街道里，这种小街道往往夹在像格拉本街那样的大道和米夏埃尔广场那样的主要广场之间。

圣诞节过后两天，康施坦莎就在这所房子里生下了他们第一个女儿。这个婴儿随着她的教母特莱泽・冯・特莱特纳的名字命名为特莱西纳。

当孩子出生后不久，莫扎特就去宫廷剧院上任了。从此，他作为宫廷剧院的一员在维也纳正式定居了下来。

英年早逝

为进入天国而奋斗固然是崇高的，但是活在这凡世也美妙无比。那就让我们做人吧！

——莫扎特

供职维也纳宫廷

莫扎特欢天喜地地到宫廷剧院报到，然而，让他没有想到的是，自己虽然填补了格鲁克留下的空缺，但薪金却不及格鲁克的1/2。约瑟夫二世给莫扎特的年薪仅仅是800个弗罗林。

当然，格鲁克作为一个杰出的作曲家，他在音乐史上的地位不能低估，可是用他来压低天才作曲家莫扎特，这就显得太不公平了。

按理说，莫扎特那么强的自尊心，他本该拒绝接受的。可他又不爱装腔作势，因为他心里确实渴望得到一个宫廷职位。毕竟，他很少尝到实现自己愿望的甜蜜滋味。

莫扎特虽然委屈接受了这个职务，但他被任命后的处境也是令他难堪的：他实际上被扔在了一边，无人理睬！

维也纳皇帝约瑟夫只花了那么低的代价就把他弄到了手，所以很快就把他忘得一干二净了。除了几首假面舞会的舞曲以外，他就没有得到过任何创作音乐的聘请，境况和以前相差无几。

莫扎特先是迷惑不解，继而感到受了屈辱，但他始终没能找出真正的原因。他那点可怜的薪金付房租都很勉强，而且还是一个季度才发一次。

他又觉得拿了钱只写德国舞曲和小步舞曲太没意思，于是在领了几次菲薄的薪金之后便提笔在一张纸上写道："按劳取酬则太多，量才取酬则太少。"他把这张纸和薪金的收据封在一起，寄回了宫廷。

在担任这一宫廷职务期间，莫扎特创作了一些优秀乐曲，但这些作品全都是由私人音乐会聘请他谱写的。

莫扎特觉得，照这样下去，自己很可能变为一个渺小无能的宫廷里的食客，只在名义上隶属于一个欧洲最伟大的君主，实际上却逐渐失去自己的本色。

但他还是没有拂袖而去。他始终坚定不移地热爱着他的皇帝和他的家乡德国南部地区。尽管他已经清楚地看到，他的皇帝和他的家乡给他带来的全是不利因素，他仍然热爱着他们。这的确是难能可贵的。

不过，当莫扎特在领了那很少的薪金以后，他才开始意识到，要还清那一大堆债务是太难太难了。

事实上，在他第一次领的薪金刚花完时，他就看清了：这点钱连今后的生活问题都解决不了，更不用说偿还现存的债务了。

而且，他的第一个女儿刚出世不久。这个孩子一出生就是一个药罐子，莫扎特只好每天不停地为她请医生、买药，简直忙碌得要崩溃了。于是他坐了下来，细细盘算了一下，终于他决定了，向他周围的朋友借钱。他逐个把所有的朋友和熟人都考虑了一遍。乐师们是一点儿余钱都不会有的；向贵族开口借钱又不合适。

当时，莫扎特已经是一个民间组织共济会的会员。在共济会中，有各行各业的人参加，当然也有不少是富裕的商人，能不能向他们求援呢？

莫扎特发现米夏埃尔·普赫堡是一个对音乐有着浓厚兴趣的商人，由于他的爱好，所以也成了莫扎特的好朋友。他会不会慷慨解囊呢？在无可奈何之时，莫扎特只好以写信方式投石问路。他在信中写道：

尊敬的共济会弟兄，亲爱的，最真挚的朋友！

因为我坚信您是我真正的朋友，也因为您了解我是个正直的人，我才不揣冒昧地向您倾吐心曲，并请求您的帮助。出于我喜欢坦率直言的习惯，我将开门见山、毫不忸怩作态地道出本意。

如果您愿意尽朋友之谊，以适当的利息借给我2000盾，为期一至两年，那于我将是极大的恩惠！

普赫堡先生收到信后立即有了行动，但他一下子拿不出2000盾，可他还是拿了200盾亲自送到莫扎特的家中。而且，此后他成了莫扎特经常求援的唯一对象。

如果说在莫扎特的一生中有什么人值得他尊敬和感谢的话，那就是这位好心的商人和音乐爱好者了。他一再慷慨解囊，虽然没能消灾弭祸，至少也帮助莫扎特延缓了灾难的到来。

当然，普赫堡也不是一个来者不拒的施舍者。他与莫扎特是朋友，他了解莫扎特的性格，知道他待人热情、不管闲事，用钱随便、忠于友情，所以才愿意借给他。

莫扎特的这种性格，使他在受到阿洛西娅冷遇后依然和韦贝尔家保持着密切的关系，并终生没变。

也正是因为这种性格，才使莫扎特在向别人借钱的时候，又把仅有的钱借给别的、在他看来更需要钱的朋友。其中还有一些根本不想还他钱的法国朋友勒·格罗以及德·吉纳，还有欠莫扎特钱款最多的布拉格歌剧院经理邦蒂尼。

莫扎特的新歌剧《唐·璜》在布拉格演出了很多场，邦蒂尼一下子成了大富翁，可他只给了莫扎特定金100金币。

也正是因为莫扎特的这种性格，找他“借”钱的、公然骗他钱的、还有揩他油的家伙也越来越多。他借来的钱比挣来的钱花得还快。

莫扎特从未想到过普赫堡会拒绝接济他，同样，他又绝不会想到拒绝把钱借给一个穷乐师。于是，他的老实可欺也就出了名了。

为此，不管他家里是谁来了，他都热情接待。只要他自己还有一

个弗罗林，就不会让客人缺钱花。

占莫扎特便宜最多的是一个名叫安东·施塔德勒的单簧管演奏者。他其实是个穷困潦倒的小偷。这家伙撒谎成性，在莫扎特身上吸足了血，反过来还使这位倒霉的朋友相信，他这样一位技艺高超的单簧管演奏家绝对不可能是一个无赖。

莫扎特不但让他在自己家里吃、把自己微薄的薪金分给他花，还为他写了所有单簧管乐曲中最出色的两首，即单簧管四重奏和单簧管协奏曲，从而使这个无赖也得以扬名。

施塔德勒为感谢莫扎特的“知遇”，反而从碗橱里偷走了莫扎特的几张当票去卖掉了。莫扎特知道以后，也只是好心地规劝他几句，说没钱尽管可以开口，之后这事也就算了。

这样一来，正派、善良的莫扎特只能永远贫穷。

写出不朽交响乐

莫扎特的新歌剧《唐·璜》的创作成功和在布拉格的空前胜利，在欧洲产生了巨大反响。但是在维也纳上演，却困难重重。

维也纳的宫廷里，以萨里埃利为首的一伙小人得志，他们时时感到才华非凡的莫扎特对他们的威胁。特别是天才的音乐家同优秀的剧本作者两人携手合作取得巨大成就的时候，他们就更加怀有一种不可告人的卑鄙心理。

在这种情况下，莫扎特感到心灰意冷。整整一个冬天，莫扎特和罗伦佐都在找各种理由说服皇帝约瑟夫陛下准许演出《唐·璜》。

一天，罗伦佐来到莫扎特的寓所，给他带来一个好消息："嘿！沃尔夫冈，有一个好消息，皇帝陛下恩准可在宫廷剧院演出《唐·璜》啦！"

莫扎特有点不敢相信，他半信半疑地问："你说什么？在维也纳演出？"

"是的，在维也纳宫廷剧院，为维也纳人演出。"罗伦佐非常肯定地回答。

莫扎特高兴得几乎跳起来，他想到从中捣鬼的萨里埃利等人的沮丧表情，不禁微微一笑说："哈哈，让萨里埃利他们见鬼去吧！"

为了使作品更加完美，莫扎特和罗伦佐又重新对《唐·璜》改写了几场，并做了一些必要的加工和润色。

1788 年 5 月的一天，《唐·璜》如期在维也纳演出。但让莫扎特和罗伦佐没有想到的是，演出明显地失败了。

维也纳皇帝约瑟夫在看完这部歌剧后说："这部歌剧妙极了，我甚至应该说它比《费加罗的婚礼》还要精彩。不过，这样的音乐不合我的维也纳臣民的口味！”

莫扎特唯一的反应是平心静气地对罗伦佐说了一句：“给他们时间去品尝吧。”

维也纳人对《唐·璜》的冷淡，粉碎了莫扎特想在维也纳取得辉煌成功的最后希望，也打破了他总有一天会得到承认的乐观幻想。

紧接着，以萨里埃利等人为首的各种恶意的诽谤、攻击的语言，一唱一和地围绕在莫扎特和罗伦佐的周围。

有人说：“《唐·璜》简直就是荒唐的罗伦佐的活生生的写照！”

还有人说：“莫扎特为什么不亲自担任指挥？”

又有人说：“莫扎特负债累累，债务都压得他抬不起头来，还顾得上什么指挥！”

更有人说：“这样淫秽的主题，怎么可以用来写出一部歌剧？！真是笑话！”

这些诽谤、指责，使莫扎特伤心不已。他痛切地感到，在维也纳已经没有他的立足之地了。想到未来，他感到茫然。他几乎像变了一个人似的，变得越来越沉默寡言了。

然而，更让他伤心的是，随着这场演出的失败，他的音乐会也遭到了禁止，找他学琴的学生也越来越少。

一天，他到出版商那里，查询他的下次音乐会的预售票情况，结果是只预售了 17 张门票。

从这里，他还了解到先前印的献给海顿的那几首四重奏曲，顾客们都退货了，说是难度太高，卖出的还不到 5 份。甚至出版商还伸手向他索取刻印费。

莫扎特实在有苦难言。为了生活，他只好卖掉了家里的一切家具和首饰，房间里也仅仅只剩下他的钢琴和写字台。尽管这样，他还是没有办法应付高额的房租，最后他打算带着全家搬到郊区去住，因为他发现在维也纳城市的花费实在太高了。

然而，正当一家人忙碌地收拾行李的时候，刚出世不久的特莱西纳死了。这个孩子一共活了6个月，还不可能给人们留下深刻的印象，但一次又一次地发生这样的伤心事，作为父亲的莫扎特怎么能不感到难过呢?

在他妻子前面的4次生产中，只有唯一的儿子卡尔活了下来。这个活泼的小家伙已经4岁了，很逗人喜欢，但丝毫没有他父亲在同样年龄时就显露出来的天才迹象。

在这种忧伤悲愤的感情支配下，莫扎特又开始了一项极不寻常的工作，他在8个星期内写出了他最伟大的三部交响曲。

首先完成的是降E大调交响曲，这首曲目于1788年6月26日脱稿；随后是G小调交响曲，它和同样采用G小调的一首四重奏有着一些令人称羡的共同特点。最后，8月10日，他在自己的小目录本里记下了《朱庇特》交响曲。

莫扎特创作交响曲的态度是非常严肃认真的。以前他在为音乐聚会写室内乐、为自己写钢琴协奏曲、为学生写奏鸣曲、为好朋友们演奏的各种乐器写协奏曲时，都是随心所欲地信笔写去，但在创作交响曲时却完全不同了。

他似乎认为交响乐博大精深、感情充沛、力重千钧，是通向音乐发展中璀璨夺目的下一个境界的康庄大道。他每隔很长一段时间才写一些交响曲，这次是为几个音乐会而创作的，但那几个音乐会始终没有开成。

尽管如此，这些交响曲和莫扎特的其他作品一样，都是以纯粹的创造力表达了精神上的快乐。

这三部交响曲分别表现了欢乐明快、深沉有力和宏伟壮丽三种不同的风格，被人们看作是纯粹音乐思维的结晶，而在配器手法方面又有了明显的突破，使原来用得较少的定音鼓、单簧管、横笛、圆号、

长号都有了用武之地。

其中，降E大调第三十九交响曲中加进了强劲的小步舞曲，这在别的曲子中是难以找到的，中段田园诗般的旋律又带有浓郁的奥地利民间风味。整个乐曲中还流露出海顿的笔触，是古典交响曲中精湛的典范。

人们以为他是世界上最幸福的人，其实他的敏感的自尊心已受到了严重的伤害，但在乐曲中却已烟消云散。

这三部交响曲标志着莫扎特的三个重大飞跃，也为19世纪交响乐大师们气魄宏大、色彩丰富的音乐语言开创了先河。同时，这三部伟大的作品不容置疑地证明了莫扎特在世界乐坛中的不朽地位。

为了继续生活下去，也为了归还他借一些高利贷的钱，在这之后，莫扎特强压下痛苦的心情，以最快的速度写出了一批又一批的舞曲。

除此之外，他还完成了几首别人预订的钢琴三重奏曲，其中的G大调是这一年10月写成的。

它的行板乐章和变奏曲极其宁静、澄澈，深受人们喜爱。莫扎特把这首乐曲赠给了戈特弗里德·雅坎的妹妹巴巴拉。

在辛酸凄楚之中，莫扎特迎来了他一生中精神最烦躁、生活最悲惨的一年，也是作品最少、灵感最为枯竭的一年，即1789年。

在这期间，莫扎特常常去看望冯·斯维登男爵。

男爵因为有个很好的图书馆，莫扎特才得以熟悉巴赫和亨德尔的创作。男爵此时已经声名大振，一直到后来贝多芬来维也纳时他的名望仍然盛极一时。他居于音乐的贵族保护人之首，还是个笔锋犀利、令人生畏的批评家。

他利用自己担任宫廷图书馆馆长的职务和对显贵名流的影响力来扶植德国北部的音乐，那种音乐在大众轻浮的眼光里自然是过于死板、过于冷漠，也过于深奥了。

他在图书馆宽敞的大厅里和自己的府宅连续演出了许多次亨德尔的清唱剧，但由于缺乏管风琴，只好请人把这些清唱剧全都重新谱成管弦乐曲。

他聘请莫扎特改写其中的一部分，即《阿西士与迦拉提亚》、《弥赛亚》、《圣西西利亚颂》和《亚历山大的酒宴》。这一纯技术性的改观工作产生的最直接效果，就是它对莫扎特创作《安魂曲》的影响。

正当莫扎特为偿还不清债务而情绪低落的时候，康施坦莎告诉他，她又怀孕了。这意味着那可怕的债务又得大大增加了。

莫扎特准备再一次出去寻找出路。1789 年 4 月初，莫扎特和他以前的学生卡尔·利希诺夫斯基一起上路了，到德国中部和柏林去觐见普鲁士国王弗莱德里克·威廉。

穷困潦倒的日子

1789年4月13日，莫扎特和学生卡尔·利希诺夫斯基来到了德国萨克森州的首府德累斯顿。

这是他和妻子康施坦莎结婚7年来的第一次离别。他在外地的每一天都无时无刻不思念着妻子，每到一个地方，他都迫不及待地给妻子写信。他在信中这样写道：

> 最亲爱的宝贝妻子，我多么盼望你的来信啊！今天是我离开你的第六天。老天爷作证，这简直像一年！再见，亲爱的，我唯一的爱人……

莫扎特爱妻子爱得也真太厉害了，这里一方面体现出他对妻子的深情，但另一方面，也不难发现，莫扎特始终放心不下家里，他是一个很顾家的人。

在德累斯顿，莫扎特觐见了萨克森的国王，他为国王演奏了自己新创的曲目，国王奖给他一个内装100金币的金质鼻烟盒。

几天后，莫扎特来到了德国首都柏林。弗莱德里克·威廉极其亲切地接见了莫扎特。

他在普鲁士王室重镇波茨坦举行了几次演出，但由于他明显地表示讨厌国王手下的法国乐师，特别是讨厌乐队指挥迪波尔，乐队队员们都不喜欢他。

但是，普鲁士国王弗莱德里克·威廉是个秉公断事的聪明人。他对莫扎特很慷慨大度，请他担任乐队总指挥，年薪3000泰勒尔。

这对莫扎特来说真是个天大的恩赐了，如果他答应了这个国王的要求，就意味着他欠下的一切债务都将还清，而且他终身可靠的前景也有了着落。

然而，热爱祖国的莫扎特却突然想起了自己的家乡维也纳，想起了他在家乡的朋友们，以及他的娇妻康施坦莎。他想起了她爱热闹、爱玩的性格，想象着如果让她和自己一起寂寞地待在这个死板、冷清、像个兵营似的宫廷，那会是什么滋味。

想到这些，莫扎特微微一笑，羞怯地问："尊敬的陛下，您这是要我离开我仁慈的皇帝吗？"

弗莱德里克·威廉国王被深深地感动了，他亲切地说："考虑一下我的建议吧。即使你一年以后再来表示同意工作，我也会信守现在的诺言的。"

莫扎特非常感谢国王对自己的厚爱，但因为他的爱国思想，无论如何也使他难以放弃让他失望的家乡。

威廉国王让莫扎特写了 6 首四重奏曲，还要了 6 首简单的钢琴奏鸣曲给他的女儿，他付给莫扎特 100 金币。

刚拿来这笔钱，莫扎特就借了 100 弗罗林给一位他"无法拒绝的朋友"。等回家时，他又和来的时候一样一点钱也没有了。

在柏林期间，他到莱比锡去了一趟，在那里举行了一次音乐会，但没有挣到钱。因为他把大部分座位都作为赠券送掉了，没有卖票。

莫扎特两手空空地回家一看，妻子康施坦莎病得很厉害。她这次怀孕比前几次的麻烦要多得多，连腿和脚都受了感染，肿得很高，疼痛难忍。没有办法的莫扎特只好再次向他共济会的兄弟普赫堡借钱了。

11 月 16 日，莫扎特的又一个女儿出世了，不过因为康施坦莎在怀孕的时候一直生病，使这个孩子一出生便死去了。

这一年，莫扎特感到生活中的一切好像都在跟自己作对，到了严冬时候，他们已经穷到了不能再穷的地步了。家里几乎没有了一点钱，他们每天吃饭都只能靠街道上的一家饭馆的施舍。过去，因为他们常去那里吃饭，所以店老板实在不忍心看他们挨饿。

一天，饭店老板约瑟夫·戴纳走进了他们家那间阴冷潮湿得可怕的屋子。他看见莫扎特和康施坦莎脸色煞白，嘴唇青紫，一边放声大笑，一边紧紧地搂在一起，围着屋子疯狂地跳舞。

戴纳看得目瞪口呆。莫扎特告诉他，他们冻得实在没办法了，想用跳舞来暖和暖和。戴纳先生实在看不下去了，为他们送来了木柴。

在这种凄凉的处境下，莫扎特总算得到了他和罗伦佐正在合写的歌剧《人皆如此》的酬金而稍微有所改善。

那是在深秋的时候，莫扎特接到了担任官职以来第一次皇帝的一项委托，让他谱写一部歌剧，准备冬天上演。

这部歌剧的脚本作者仍是罗伦佐。以前罗伦佐都是挑选一个家喻户晓的传说，用自己的语言把它改编成文采飞扬的文学剧本，但这一次他没有这样做。他试着采用了一个新颖的故事，它虽然情节琐碎，但充满了欢快和迷人的气氛。写成后的这部喜歌剧妙趣横生，格调优雅，但内容却是平淡无奇，情节甚至到了可笑的荒唐地步。

然而，这一点根本不妨碍它作为一部喜歌剧的价值。但与罗伦佐的前几部杰作相比，这部歌剧一直被认为是无足挂齿的。它也没有像《唐·璜》和《费加罗的婚礼》那样激起莫扎特的灵感。虽然脱稿后的总谱曲调十分优美、诙谐，他自己却一直不太喜欢它。

这部歌剧在 1790 年 1 月底时上演，演出获得了巨大的成功。莫扎特的生活又一次有了转机。

然而，大家还没有高兴得太久，这部歌剧上演后的 2 月 20 日，约瑟夫皇帝去世了。他的去世不光引起了政治上的变动，还使小小的宫廷音乐界陷入了一片混乱状态。

约瑟夫的继任者、他的弟弟利奥波德二世，是一个眼光狭窄的庸人和懦夫。他不懂音乐，也丝毫不关心音乐。他整治了每一个曾经受到过约瑟夫青睐的人，甚至包括莫扎特的死对头萨里埃利。

许多音乐家纷纷离开维也纳，不久，连莫扎特的好朋友罗伦佐也离开了。

莫扎特对这一切都感到迷惑不解，心里非常不安。现在他该怎么办呢？他已经没有别的路可走了，为了挣一点现钱，他又不得不搁下难写的四重奏，去写一首首普通的歌曲和钢琴奏鸣曲。

康施坦莎又病了，莫扎特不得不再一次搬家。

莫扎特一直在注视着维也纳音乐界的情况和皇帝的动向。利奥波德将于 9 月到法兰克福去加冕，就任神圣罗马帝国的皇帝。

莫扎特灵机一动，决定到那里去参加庆典。他带上了小提琴家的妹夫霍费尔同行，把银餐盘和康施坦莎的几件小首饰拿去典当了，得来的钱充作旅费。

在法兰克福，他们举行了一次音乐会，但挣的钱连支付旅费都不够。宫廷对他的到来置若罔闻。他演奏了他自己的许多作品，其中有一首 D 大调钢琴协奏曲。这首曲子因此而得名为《加冕协奏曲》。

11 月 10 日，他回到家里，又见到了康施坦莎，心里不禁涌起了一阵狂喜的感情。他紧紧地依偎在她的身边，用狂热的爱情来消除脑子里的负担和心上的包袱。这样一来，不到一个月，她又怀孕了。

12 月底，由于生计所迫，莫扎特开始进行一种新的音乐创作，即为挂钟里面的风琴谱写柔板和快板。后来，又为一架小型的手摇风琴写了一首行板和一首华尔兹舞曲，为一架奏乐挂钟写了一首幻想曲。

这些曲子都是为音乐玩具而写的，而在许多人眼里，叮叮咚咚的音乐玩具是 18 世纪奢华讲究的生活趣味的典型反映。然而有谁知道，这是一个音乐大师因为生活所迫而不得不作的曲子呢？

《魔笛》 再获盛誉

1791年，这已经是莫扎特生活中的第三十五个年头了，在这一年，他的创作能力又奇迹般地得到了恢复。

一天，莫扎特偶然遇到了一个叫席卡奈德尔的人。此人是10年前在萨尔茨堡相识的，他当时是一个巡游剧团的经理人，正在维也纳城边经营一家私人剧院。

席卡奈德尔提出要莫扎特与他合作一部新歌剧，否则他的维登剧院就要关门了。莫扎特则考虑到席卡奈德尔是共济会的会员，是自己的兄弟，兄弟有难，理当相助，于是两人一拍即合。

这部歌剧的脚本由席卡奈德尔来写，他打算写一部神话歌剧，后来命名为《魔笛》。这部歌剧主要讲述一位埃及王子被巨蛇追赶，逃到了一个叫“夜后”的国度。他在夜后嫔妃送给他的魔笛的帮助下，历尽艰险，找到了夜后的公主，他们相爱了。经过各种考验后，这对情人携手走进了大司祭的庙宇，光明战胜了黑暗。

席卡奈德尔的这个剧本对当时的莫扎特来说有着不可抗拒的诱惑力，因为它带来了实现他在音乐上最心爱的愿望的机会，即创作一部真正的德国歌剧。

由于席卡奈德尔已经到了破产的边缘，他连预付款都拿不出来，于是莫扎特和他商定，他支付总谱原稿的报酬再少也没关系，条件是全部总谱抄本都归莫扎特所有。如果歌剧获得成功，他就把这些抄本卖给任何一家前来索取剧本的剧院，以此来补偿欠款。

结果似乎是不言自明的：席卡奈德尔最后只付给莫扎特100个金币，却把总谱和所有抄本都扣下了。他靠着《魔笛》的成功连续好几年大赚其钱，而莫扎特一家却一直在和债主们打交道。

为了保证莫扎特尽快地创作完歌剧总谱，席卡奈德尔让莫扎特住到离剧院不远的一座小凉亭里去工作。听起来这是关心莫扎特，实际上是席卡奈德尔控制莫扎特的一种手段。不过，当这部歌剧出名时，这个凉亭也成了人们流连忘返的“魔笛凉亭”。

在这期间，莫扎特的妻子康施坦莎因为生病又到巴登疗养去了，她把儿子卡尔也带走了，莫扎特便可以专心在小凉亭里创作。

由于席卡奈德尔老追着莫扎特要歌剧，他没有时间到巴登为康施坦莎办一些小事。她又要生了，莫扎特感到很焦急。幸亏在这年年初时，他收了一个名叫弗兰茨·克萨韦尔·居斯迈尔的年轻人跟他学作曲，这位年轻人可以利用业余时间来为他跑跑腿。

后来，这个青年人成了莫扎特的真传弟子。7 月 26 日，莫扎特在他的小儿子降生之前及时赶到了巴登。这孩子取名弗兰茨·克萨韦尔·沃尔夫冈。莫扎特夫妇共生了 6 个孩子，只活下来这个儿子和卡尔。

1791 年 9 月 30 日，《魔笛》在维登剧院首次公演。

在公演前，剧院经理已把海报贴到剧院门前最醒目的地方。席卡奈德尔在海报中有意突出了莫扎特宫廷作曲家的身份，借此来抬高一下自己。

剧院经理的广告，对于招徕观众，收效甚大。《魔笛》首演的那天，维也纳人或乘车或步行，络绎不绝地涌向位于郊区的维登剧院，一些达官贵人也不惜屈尊来到这里。

剧院大厅里熙熙攘攘，有穿着华贵的贵族显宦，有衣冠楚楚的文人雅士，也有浑身珠光宝气的贵妇名媛，但更多的是粗衣布衫的普通市民。人们对这位年轻作曲家的这部独具风格的新作，怀着极大的兴趣，焦急地等待着歌剧的开演。

帷幕拉开，观众为莫扎特抱病前来，亲临现场指挥演出而热情欢

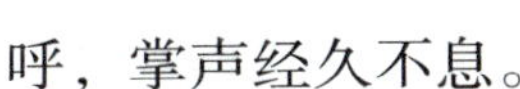

呼，掌声经久不息。

剧情随着乐曲而展开。优美的、扣人心弦的、精彩无比的旋律，连同那奇异的、扑朔迷离、梦幻般的剧情，把人们带入一个绚丽多彩的音乐世界，给人以莫大的美的享受，并激起人们无限美妙的遐想。《魔笛》演出的布景、道具也华丽别致，使观众大饱眼福。

终场，台上的布景显现出星光闪烁的夜空。突然，电闪雷鸣，震得夜女王浑身颤抖，这个要与萨拉斯托罗和全人类为敌的黑暗势力的代表，终于在雷鸣声中跌入黑暗的深渊。

雨过天晴，一轮红日冉冉升起，象征光明的萨拉斯托罗周身祥光万道，在埃及祭师们的簇拥下走上舞台，他以洪亮的、铿锵有力的声音唱道："阳光驱散了黑暗，消灭了鬼王的魔力。"

接着是众祭师合唱："光荣属于你们，伟大的神圣！你们驱除了黑暗，你们威力无比，美和光明永存！"

这些富有煽动性的声音，几乎成了舞台上的又一次"暴动"。全剧演出产生了极为强烈的戏剧效果。

此时，全场起立，掌声雷动，观众情绪异常亢奋高声呼喊："大师万岁！""莫扎特万岁！"欢呼声响彻大厅。

《魔笛》轰动了全维也纳，每天晚上，维登剧院前人来人往，摩肩接踵，车水马龙，热闹非常。场场演出都赢得观众长时间的掌声和欢呼声。人们谈论的中心话题是《魔笛》，嘴里哼的是《魔笛》中的乐曲。就这样，到第二年 11 月 3 日演满了 100 场。

《魔笛》是莫扎特歌剧创作中的重要代表作，也是奥地利民族歌剧发展的重要里程碑。《魔笛》的成功使席卡奈德尔干瘪的衣袋又鼓得装不下了，席卡奈德尔咧着嘴笑，而脸色苍白的莫扎特却病倒了。人们绝对不会想到，《魔笛》竟是莫扎特去世前上演的最后一部大型歌剧。

在安魂曲中长眠

莫扎特在写作《魔笛》的过程中，去了一趟妻子康施坦莎疗养的地方巴登。当他从那里返回来的时候，他又将全身心投入到《魔笛》的创作中。

一天，一个高个子跨进了莫扎特的屋子。这是个素昧平生的陌生人，身材瘦弱，神情庄重，从头到脚都穿着一身深灰色服装。他交给莫扎特一封信，然后就走了。莫扎特拆开信，信末尾没有落款。

这封信开头以通常的恭维口气提到了伟大的乐队指挥莫扎特的成就，表达了寄信人对他的深切仰慕。接着信中要求莫扎特创作一首安魂弥撒曲，时间要快，而且不准打听是谁要的；酬金由莫扎特提出。

莫扎特和那个高个子、灰衣服的陌生人取得了联系。他提出的酬金是50个金币。由于《魔笛》尚未完成，莫扎特无法确定交稿日期。

那个陌生人很快又出现了，付给莫扎特50个金币，同时告诉他，条件很令人满意，总谱完成之后将另外付给他一笔报酬；对于音乐的风格和内容没有任何限制。

然后，他用灰色的眼睛冷冷地盯着莫扎特，重申了不准打听委托人的禁令。说完，他就消失了。

莫扎特如同做了一场噩梦，从心底里产生一种无名的恐惧。他全身一阵紧张，目光呆滞，六神无主。自那天以后，他常常一个人坐在家里，目光盯着一处久久不动，先前那个乐观、快活、自信的作曲家不见了。他似乎完全变成了另外一个人。

他的心，被恐惧、痛苦吞噬着。他预感到这是为自己写安魂曲，死神正向自己走来。此时的莫扎特不仅疾病缠身，精神也彻底崩

溃了。

莫扎特当然不可能知道，这黑衣人原来是维也纳瓦尔泽格伯爵的仆人。这位爱虚荣的伯爵常常隐名埋姓，用优厚的报酬去订购那些陷于贫困的名作曲家的作品，据为己有。

这次，他打算把这首安魂曲说成是自己所作，献给新近去世的妻子。那个穿一身灰衣服的高个子是他的管家莱特格布。

不过，即使当场把这一切都告诉莫扎特，他也不会相信的。在他的眼里，那个人的来访是一次神秘的经历，仿佛是虚幻之中发生的一件事情。只有这种印象才能使他的思想进入那样超凡脱俗的境界，才能激发出他构思这首安魂曲的灵感。

然而，他刚要动手创作，又被一件恼人的意外事情打断了。

皇帝利奥波德二世将于9月初被加冕为波希米亚国王，布拉格的全国国民议会来函委托莫扎特创作一部庆典歌剧。

这次，布拉格又表现出对他始终如一的态度，这和维也纳的冷漠相待正好形成了对照。莫扎特不忍心拒绝。但当他听说他们要求他为麦塔斯塔西奥的脚本《狄托王之仁慈》写一部新的总谱时，他又后悔自己当时没有拒绝了。

这个脚本写得死板、枯燥。剧情是关于罗马皇帝狄托的仁政。它是一部意大利悲剧，故事发生在莫扎特幼年逗留在那不勒斯的那个时期。但事情已经无可挽回了。

他于8月中旬准备动身去布拉格。莫扎特刚要跨进马车的时候，忽然停住了脚，浑身一颤。那个穿灰衣服的陌生人站在面前。

莫扎特吃了一惊，为他解释说："我去写一部歌剧，这是为皇帝写的，很快就会回来。"

灰衣人鞠了一躬，转身走了。

莫扎特脸色苍白地爬进马车，无力地倒在靠垫上。康施坦莎望着他，心里一惊，但不完全明白到底是怎么回事。

莫扎特把居斯迈尔也带上了，让他帮着为这部歌剧配一点管弦乐和一些宣叙调。莫扎特对《魔笛》仍然记忆犹新，而这部歌剧和《魔笛》相比差远了，这使他很恼火。

全剧必须在 18 天内写完并搬上舞台，因此他们忙得头昏脑涨，神经也紧张到了极点。但《狄托王之仁慈》一剧演出失败了。莫扎特的一些忠实的老朋友们坚持说这是一部好歌剧，一部非常精彩的歌剧。但莫扎特知道得比他们清楚，他是出于无奈而不得不写的。

首场公演时，他触景生情，不禁潸然泪下。那座金碧辉煌的歌剧院引起他亲切、自豪的回忆的地方实在太多了。

9 月中旬，莫扎特从布拉格回到维也纳。《魔笛》完成后，莫扎特生活的意义都集中到这几个细小而可怕的问题上了：那个灰衣人；生活中的痛苦；死亡之歌；死。他在精神与病痛的双重折磨下，在生命垂危之际，呕尽了最后一份心血在赶写着《安魂曲》。

《安魂曲》不像《魔笛》那样，在人们面前展示的是一个奇异的、童话般的世界，而是一曲特殊形式的，在更深层次上的关于心灵的对话；或者说是包含着作者本人极其复杂情感的，对于社会人生的一种追思。《安魂曲》是悲剧性的，这是他坎坷一生的心曲，是他灵感的最后闪光；同时也是一个伟大的人道主义者灵魂的升华。

康施坦莎在《魔笛》首演后又去巴登了。莫扎特呕尽最后一份心血，天天谱写《安魂曲》。他生命的最后几个星期却是在空无一人的家里孤零零地度过的。

康施坦莎 11 月底回到家里。她一进屋就发现莫扎特那苍白的脸瘦得不成样子，大脑袋上的骨头都明显地突了出来，尤其是那深陷的眼眶和长鼻子。

看见他瘦成这副样子，她吓了一跳，惊叫地说：“亲爱的，你这是怎么啦?”她抱起了丈夫的头。她忽然发现，那双眼睛里有一种她不愿看到的神色。

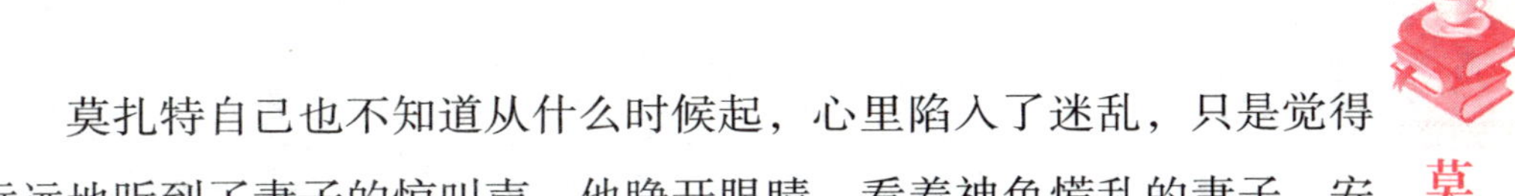

莫扎特自己也不知道从什么时候起，心里陷入了迷乱，只是觉得远远地听到了妻子的惊叫声。他睁开眼睛，看着神色慌乱的妻子，安慰她说："哦，我没什么，没什么。"

康施坦莎好奇地问："你在想什么？"

莫扎特的眼神变温柔了，拿起了她的手，轻声回答："康施坦莎，亲爱的，我在考虑死。"

妻子浑身一震，突然，她抓起桌上那张五线谱纸，狠命地撕起来，大声地说道："不行，不行，我不让你写这个，我不让你写这个！"她扑过去，抱住丈夫痛哭起来。

"别伤心，亲爱的。"莫扎特深情地望着自己的妻子，"死亡并不可怕，它是人类最终的归宿，也是最高的追求。死是完美的。"

听了这些近乎疯语又富于哲理的话，妻子茫然地看着丈夫。而莫扎特始终也没把灰衣人的事说出来。

11 月 21 日，莫扎特病情严重了，手脚肿大，浑身发烧，只能躺在床上。朋友们开始来看他。席卡奈德尔剧院里的人们商量了一下，决定每天下午都来人陪莫扎特。他现在只对音乐还有兴趣，别的什么都不想谈。

居斯迈尔在床边放了一把椅子，说什么也不愿离开。莫扎特心里十分感激居斯迈尔。他病得不能写了，但他还能指导居斯迈尔写总谱，教他管弦乐法。

床上到处都摊着《安魂曲》的乐谱。每天下午陪伴的人来了以后，席卡奈德尔剧院的沙克、霍费尔、格尔和莫扎特就一起演唱已经基本写完的部分，居斯迈尔在早已搬进了卧室的钢琴上弹伴奏。

康施坦莎的身体也垮了下来，医生在给她治疗。要不是她妹妹索菲每天都来帮助看护，她真是一筹莫展了。

卧床一个星期以后，莫扎特的病情变得非常严重，实际上是部分瘫痪了。晚上他往往痛得非常厉害。白天一整天他都很平静、安详，很少说话，最多只谈谈他的创作，或者安慰替他担心的人。他觉得自己很快就要去见他失去的那些朋友了，对此他的心里十分满足。

12 月 4 日，星期日。前来看望莫扎特的人们，围坐在他的床边。莫扎特把写好的《安魂曲》的前两章递给朋友们，请他们唱。

朋友们唱得很轻，很轻。他们知道莫扎特的身体已经非常虚弱了，不能再让他受到任何刺激，不管是欢乐的，还是悲伤的。庄严的弥撒曲像一首挽歌，飘过人们的心头，向窗外广阔的天宇飞去。小调旋律渐渐地上升到了高潮，他那平静的表情和低垂的眼睛突然一变，换上了明显的痛苦神色，眼泪夺眶而出。

傍晚时分，索菲来了，莫扎特的脸上浮现出一丝笑容，对索菲说："死亡的味道已经在我的舌尖了，我在品尝死亡。如果你不来陪我亲爱的康施坦莎，还有谁会来帮助她呢？"

凌晨 1 点，莫扎特走完了他短暂的一生。这一年他尚不满 36 岁。《安魂曲》成了他未完成的遗作。

莫扎特在他短暂的一生里所取得的辉煌成就，标志着 18 世纪音乐文化的最高水平，具有划时代的伟大意义，并且为后来的艺术家开辟了一条新的道路。如果不是他的早逝，这个世界上将会有更多一些的音乐艺术珍品。

安息吧，莫扎特！全世界人民永远怀念你！

附　录

有人认为，有的艺术成就是轻而易举得来的。这是错误的。不花费大量的时间和心血，不付出艰苦的劳动是不会取得任何成就的。

——莫扎特

经典故事

小小作曲家

莫扎特很小就学会了自己作曲，在他童年的时候曾发生过这样的一件事。

一天，父亲创作了一首小步舞曲，他要小莫扎特把这个乐谱送到剧院院长处去，并说明这是专为院长女儿创作的。

不料，路上一阵大风，把莫扎特手里的乐谱刮跑了。他一面哭着，一面追赶着到处飘荡的乐谱。乐谱没有全找回来，怎么办呀？

莫扎特跑到小伙伴家里，借来笔纸，自己写了首乐谱送去。第二天，院长带着女儿来拜谢，说莫扎特父亲的舞曲写得太妙了，他还让女儿把舞曲弹了一遍。

莫扎特的父亲听后惊呆了，他说："这不是我作的舞曲。"

他转身问小莫扎特："这首乐曲是谁写的？"

莫扎特只好说出原委，父亲听后激动得流下了眼泪，一下子把儿子抱在怀里。

此后，父亲就开始教莫扎特难度较大的作曲练习。聪明加勤奋的莫扎特，在家里不是弹琴就是作曲，五六岁的孩子像大人一样整日埋头于音乐之中。

惊人的演出

莫扎特的爸爸看到儿子和女儿都有着惊人的音乐才华，于是就更加严格地要求他们。除了音乐和演奏技能外，还教他们拉丁文、法文、意大利文、英文以及历史等。爸爸想让全世界人都亲眼目睹自己的孩子的才能，所以，他带着 11 岁的女儿和 6 岁的儿子开始了旅行演出。

莫扎特一家来到了当时欧洲最重要的音乐城市维也纳。通过几场演出后，人们对莫扎特姐弟俩的表演开始关注起来，就连国王和皇后也请他们进宫去表演。

莫扎特在皇宫表演时，所有在场的人都不敢相信自己的眼睛和耳朵。国王对神童莫扎特的表演表示怀疑，于是让人拿来一本技巧十分复杂的琴谱，用布蒙住琴键，让莫扎特立刻演奏。

大家知道，这有极高的难度，一般人是根本做不到的。大家都睁大眼睛盯着这个 6 岁的男孩，全场一片寂静。

只见莫扎特不慌不忙地坐在凳上，开始演奏起来，流水般的琴声征服了现场每一个人。当最后一个音落下时，人们还陶醉在美妙的音乐中，没来得及缓过神呢。突然间，全场爆发出雷鸣般的掌声，谁都没想到，这么难的曲子在一个 6 岁的孩子手上竟然能演奏得这么轻松，而且一个错误也没有！

皇后决定再考考莫扎特，她随手弹了几个音，让莫扎特在钢琴上即兴发挥，继续往下弹。

这可吓坏了莫扎特的爸爸，得罪了皇后可不是闹着玩的，莫扎特做得到吗？

爸爸手心里捏着一把汗。只见莫扎特闭上眼睛想了想，随后皇宫里流淌出了一串动听的音乐。皇后高兴地抱起莫扎特，亲吻他的小脸。人们彻底被这位小神童给征服了。

不畏权势

莫扎特 16 岁时，发生了一件改变他下半辈子的事：萨尔茨堡仁慈的大主教西吉斯蒙德突然去世了，新任的大主教专横跋扈，为人歹毒，视莫扎特如奴仆，任意驱使。

随着年龄增长，莫扎特受启蒙革命运动思想的影响，终于忍无可忍，于1781年向大主教提出辞职。

从此，为期8年的奴隶生涯结束了。25岁的莫扎特义无反顾地离开故乡，只身前往维也纳，开始了他一生中音乐成就最辉煌的10年。

为成为独立的作曲家，莫扎特付出了高昂的代价。他毕生为谋生奔命，与穷困相伴，但尽管如此，为了自由，他从来没有后悔过。

特殊的功夫

莫扎特曾跟作曲家海顿学钢琴。有一次，莫扎特和海顿打赌，他可以写一个谱，是海顿弹不了的。

莫扎特花了5分钟，写了一段谱，递给海顿。海顿弹了几个音符，叫了起来："你这个乐谱有一段两手正好弹到钢琴两端后有一个在中央键盘的音，没法弹。"

莫扎特笑了笑，坐在钢琴凳上便开始演奏，当他演奏到乐谱的那个位置后，他用鼻子弹出了那个音，运用得非常成功！

年　谱

1756 年 1 月 27 日，莫扎特生于萨尔茨堡。

1758 年，开始学弹钢琴。

1759 年，开始试着作曲。

1760 年，开始学习拉小提琴。

1761 年 9 月，第一次参加合唱团演出。

1762 年 1 月，在父亲的带领下，和姐姐一起到慕尼黑、维也纳、普雷斯堡作了一次试验性的巡回演出，获得成功。

1763 年 6 月 9 日，利奥波德带着全家开始欧洲之旅，在圣诞节前进入维也纳皇宫演出，受到国王和王后的最高接见，创作乐曲《K. 8》和《K. 9》。

1764 年 4 月，到达英国伦敦，创作最早的三首交响曲，并完成共 43 首作品。

1765 年，在荷兰生病时，坚持写下了几首奏鸣曲。

1767 年，作第一部歌剧《装痴卖傻》。

1770 年 7 月 8 日，罗马教皇赐以金质勋章和“贵族骑士”的封号。10 月 9 日，在意大利波伦亚通过音乐研究院院士。

1770 年 12 月，创作歌剧《海洋之王，莱·第·邦托》，在米兰首演，引起轰动。

1771 年，创作歌剧《路齐奥·西拉》，在米兰再次获得成功，成为莫扎特歌剧创作中的一个里程碑。

1772 年，萨尔茨堡老西吉斯蒙德大主教去世，莫扎特为新主教写了大合唱《斯齐皮昂的梦》，以及 C 大调弥撒曲《圣三位一体的祝日弥撒》。

1773 年，受著名奥地利作曲家海顿音乐的影响，作了六首弦乐四重奏曲。

1774 年，在慕尼黑写出了歌剧《扮成园丁的姑娘》和《牧羊的国王》。

1775 年 1 月 13 日，《牧羊的国王》在慕尼黑首次公演，盛况空前。

1777 年，第一次在新主教面前辞职，与母亲一起踏上求职路。

1779 年 1 月，求职失败，重新回到萨尔茨堡。

1780 年秋，奉大主教命到慕尼黑创作歌剧《克莱塔之王伊多曼诺》。

1781 年 1 月 27 日，《克莱塔之王伊多曼诺》在慕尼黑上演，获得成功。

1781 年 6 月，与大主教决裂，独自开始在维也纳谋生。

1782 年 7 月 16 日，歌剧《后宫诱逃》首演成功，8 月 4 日，与康施坦莎·韦贝尔结为夫妻。

1785 年，将所作的六首弦乐四重奏曲献给海顿。动笔写《费加罗的婚礼》。

1786 年，《费加罗的婚礼》在维也纳首演。

1787 年，完成歌剧《唐·璜》，完成两首弦乐五重奏和《G 大调弦乐小夜曲》。被维也纳国王聘为宫廷作曲家。

1788 年 5 月，动笔写最后三首交响曲，于 8 月 10 日全部完成。

1789 年秋，创作歌剧《人皆如此》。

1791 年，写歌剧《魔笛》，9 月正式上演。

1791 年，改编歌剧《狄托王之仁慈》，之后开始写《安魂曲》。

1791 年 12 月 5 日去世，《安魂曲》由其学生居斯迈尔完成。

名　言

- 谁和我一样用功，谁就会和我一样成功。
- 作曲已经完成了，只是还没有写到纸上。
- 我但愿有梦，因为梦使生活较为可以接受。
- 如果爱是一种力量，那音乐便是一种动力。
- 没有谁对作曲的研究，下过像我这样的功夫。
- 有许多人是用青春的幸福作为成功的代价的。
- 你们都看到了我的天分，但没有看到我的勤奋。
- 我把快乐注入音乐，就是想让全世界感受到欢乐。
- 世上最珍贵的是时间，世上最奢侈的是浪费时间。
- 音乐居于最高主宰地位，叫人把别的东西都忘记了。
- 我的舌头已经尝到了生活的滋味，但我的创作还是乐观的。

图书在版编目（CIP）数据

莫扎特/杨梓邑编著. —北京：中国社会出版社，2013.3
（2022.6 重印）
（世界名人非常之路）
ISBN 978－7－5087－4357－8

Ⅰ.①莫… Ⅱ.①杨… Ⅲ.①莫扎特，W.A.（1756～1791）－生平事迹 Ⅳ.①K835.215.76

中国版本图书馆 CIP 数据核字（2013）第 036304 号

出 版 人：浦善新　　策划编辑：侯　钰
责任编辑：侯　钰　　封面设计：张　莉

出版发行：中国社会出版社　　地　　址：北京市西城区二龙路甲 33 号
邮政编码：100032　　编 辑 部：（010）58124867
网　　址：shcbs.mca.gov.cn　　发 行 部：（010）58124866
经　　销：各地新华书店

印刷装订：北京华创印务有限公司　　开　　本：170mm×240mm 1/16
印　　张：13　　字　　数：200 千字
版　　次：2013 年 3 月第 1 版　　印　　次：2022 年 6 月第 4 次印刷
定　　价：49.80 元

中国社会出版社微信公众号

中国社会出版社天猫旗舰店